W0305523

Silke Pfeiffer / Christian Klager

Spielend Philosophieren

(Sekundarstufe 1)

Silke Pfeiffer/Christian Klager

Spielend Philosophieren

LEKTÜREHEFT

MILITZKE

Bildverzeichnis

Seite 19: MEV-Verlag, Germany / Sven Lüders; 23: Dietmar Senf; 24: Gerd Altmann / pixelio.de; 25, 28, 97: Rebecca Meyer, Wachtberg 2011; 29: Ralf Schmitz / pixelio.de; 31: Rita Thielen / www.grafikwerkstatt-thielen.de / pixelio.de; 32: Glühbirne – wrw/pixelio.de; Flasche – Martin Konopka / PantherMedia; Geldmünzen – Pegra / Fotolia.com; Stuhl – Russell & Mackenna; Ball – Peter Ould; Schere – Thommy Weiss / pixelio.de; Büroklammer – Gisela Peter / pixelio.de; Maßband – Sara Hegewald / pixelio.de; Bleistift – Oberguggenberger / pixelio.de; Schlüsselbund – birgitH / pixelio.de; Bücher – determined – Fotolia; Zahnbürste – magicpen / pixelio.de; Maus – Bernd Ehrhardt Werbegrafiker / pixelio.de; Radio – Aka / pixelio.de; Lupe – Viktor Mildenberger / pixelio.de; Briefumschlag – S. Hofschlaeger / pixelio.de; 36, 90,120: Silke Pfeiffer; 37: uwe275 / pixelio.de; 42: Monkey Business Images / PantherMedia; 64: uschi dreiucker / pixelio.de; 67: djama - Fotolia; 74: Barbara Eckholdt / pixelio.de; 76: azzardo / PantherMedia; 77: F. Domnik / pixelio.de; 80: Rolf van Melis / pixelio.de; 84: Jürgen Acker / pixelio.de ; 85: RainerSturm / pixelio.de; 93: Claudia Hautumm / pixelio.de; 95: Wikimedia Commons; 110: birgitH / pixelio.de; 113: underdogstudios / Fotolia; 120: siepmannH / pixelio.de;

Alle übrigen Abbildungen: Archiv Militzke Verlag. Sollte es uns, trotz größter Sorgfalt, nicht in allen Fällen gelungen sein, den richtigen Rechteinhaber der Abbildungen zu ermitteln, werden berechtigte Ansprüche selbstverständlich über die üblichen Vereinbarungen abgegolten.

Dieses Lektüreheft folgt der reformierten Rechtschreibung und Zeichensetzung. Texte mit * sind aus urheberrechtlichen Gründen davon ausgenommen.

Das Werk und seine Teile sind urheberrechtlich geschützt. Jede Nutzung in anderen als den gesetzlich zugelassenen Fällen bedarf der vorherigen schriftlichen Einwilligung des Verlages. Hinweis zu § 52 a UrhG: Weder das Werk noch seine Teile dürfen ohne eine solche Einwilligung eingescannt und in ein Netzwerk eingestellt werden. Dies gilt auch für Intranets von Schulen und anderen Bildungseinrichtungen.

© Militzke Verlag GmbH, Leipzig 2012
Lektorat: Eveline Luutz
Umschlag: Ralf Thielicke
Satz und Gestaltung: Ariane Beulig
Druck und Binden: Esser printSolutions GmbH, Bretten
ISBN: 978-3-86189-586-2

Militzke Verlag GmbH – www.militzke.de

Erscheinungsjahr: 2018

Inhaltsverzeichnis

Symbole

 Spiel

 Spielanleitung

 Impulse für das philosophische Gespräch

 Tipp

An Lehrpersonen: Spielen, Lernen und Leben

Zur Einführung

Die ursprünglichste Form der Weltbegegnung ist das Spiel. Es ermöglicht uns handelnd die Welt zu erkunden und uns und andere dabei besser kennen zu lernen. Im Spiel begegnen wir Neuem, experimentieren wir mit Möglichkeiten und entwickeln so in kreativer und freudbetonter Weise unsere Persönlichkeit weiter. Das gilt für alle Menschen und für Kinder und Heranwachsende in besonderer Weise. Folgt man der Spielforschung, müssen Kinder im Alter bis zu sechs Jahren sieben bis acht Stunden spielen, um sich gut und allseitig entwickeln zu können und emotional ausgeglichen zu sein. Spielen ist Lernen in den unterschiedlichsten Bereichen. Im Spiel werden kognitive Kompetenzen, wie z. B. differenzierte Wahrnehmung, logisches Denken und Konzentrationsfähigkeit geschult. Im motorischen Bereich werden z. B. die Reaktionsfähigkeit und die sensorische Integration gefördert. Einen erheblichen Beitrag leisten Spiele auch für die Förderung sozialer und emotionaler Kompetenzen. Gesprächsfähigkeit, Teamgeist, Durchhaltevermögen werden hier ebenso gestärkt wie ein positives Selbstwertgefühl und die Bereitschaft, sich auf unsicheren Boden zu begeben, etwas auszuprobieren und so neue Perspektiven auszuloten. Im Zusammenhang mit philosophischen Themen und Fragestellungen können Spiele dazu beitragen, sich grundlegenden Fragen des Lebens zu nähern.

In diesem Buch haben wir versucht, möglichst viele Facetten philosophischer Nachdenklichkeit zu berücksichtigen, die für Kinder, Jugendliche und Erwachsene gleichsam von existentieller Bedeutung sind. Dabei haben wir uns bemüht, komplizierten Gedanken und häufig auch widersprüchlichen Denkansätzen durch die spielerische Herangehensweise etwas von der Schwere zu nehmen, die der Philosophie traditionell eigen ist. Gerade im Zusammenhang mit Bildungsprozessen von Kindern und Jugendlichen verstehen wir Spielen und Leben als verwandte Begriffe, die sich wechselseitig beeinflussen und zu einer höheren Qualität von Interaktionen und Selbstbildungsprozessen beitragen können. Voraussetzung dafür ist eine hohe Qualität der Spiele auf unterschiedlichen Ebenen. Zunächst einmal müssen die Spiele an die Interessen und Vorverständnisse der Lernenden anknüpfen. Sie müssen Neugier wecken können und zur Exploration herausfordern. Die Spiele müssen eine ästhetische Qualität haben, die möglichst viele Sinne anspricht, ohne dabei das Wesentliche aus den Augen zu verlieren. Sie müssen den Einzelnen in seiner Persönlichkeit ernst nehmen und dabei gleichzeitig den Gemeinschaftssinn stärken. Solche Spiele machen das Leben interessant und bunt. Sie wecken positive Emotionen und verweisen uns auf ein Menschenbild, das grundsätzlich davon ausgeht, dass Menschen Fragen haben, sich entwickeln wollen, Gemeinschaftswesen sind und Lernen eine anthropologische Größe ist, die zum Leben gehört. Vor diesem Hintergrund ist Spielen nicht nur Lernen, sondern auch Leben, lebendig sein, Lebensklugheit.

Von Oliver Wendell Holmes stammt der Spruch: „Leute hören nicht auf zu spielen, weil sie alt werden, sie werden alt, weil sie aufhören zu spielen.“ Spielen knüpft an unsere Kreativitätspotentiale an, es baut eine Spannung auf und kann uns so bis ins hohe Alter jung halten. Umso bedauerlicher ist, dass in vielen Schulen nur wenig gespielt und das Spiel nicht selten in den Freizeitbereich verbannt wird. Der vermeintliche „Ernst des Lebens“, der mit dem Schuleintritt beginnt, scheint im Widerspruch zur Leichtigkeit und zum Übermut des Spiels zu stehen. Mit diesem Buch möchten wir die Entwicklungspotentiale des Spiels für Bildungsprozesse herausstellen und dafür werben, es in allen Bildungsbereichen Einzug halten zu lassen und so Schule und Unterricht interessanter, lebendiger und jünger zu machen. Gleichwohl wissen wir auch um die negativen Begleiterscheinungen und Nachwirkungen bestimmter Spiele. Spiele, die Menschen manipulieren, Gewalt verherrlichen oder anderweitig abstumpfen, lehnen wir ab. Wenn Kinder und Jugendliche lernen, die Qualität eines Spieles zu bestimmen und sich selbst verantwortlich dafür zu fühlen, womit sie sich beschäftigen, ist ein wichtiger Beitrag zu eigenverantwortlichem und selbstbestimmtem Handeln geleistet. Vor diesem Hintergrund und darüber hinaus haben sich uns bei der Zusammenstellung der Spiele zu diesem Buch eine Reihe von allgemeinen und speziellen Fragen im Hinblick auf den spielerischen Umgang mit philosophischen Themen gestellt, deren Beantwortung in erster Linie eine forschende Haltung und eine empirische Herangehensweise erforderlich machen.

Pädagogische und didaktische Fragen zum Lernen und Spielen

- Wie können Lehrpersonen und Schülerinnen und Schüler für die Potentiale bildungsförderlicher Spiele sensibilisiert werden?
- Was bewirkt und verändert regelmäßiges Spielen im Unterricht?
- Welcher Rahmen unterstützt das Spielen im Unterricht?
- Wie können Kinder und Jugendliche dazu befähigt werden, zwischen guten und schlechten Spielen zu unterscheiden?
- Welchen Kriterien sollte Spielen in schulischen Kontexten gerecht werden?
- Wäre in jedem Fach ein Curriculum denkbar und wünschenswert, das Spiele einbezieht oder sich ausschließlich in dieser Form realisiert?
- Wie können Spielformen im Hinblick auf Lernprozesse weiter ausdifferenziert werden?
- Was kann das Erfinden von Spielen durch die Lernenden für ihre Lernprozesse bewirken?
- Was ist eine sinnvolle Spielbegleitung und wie können den Lernenden Rückmeldungen zu ihrem Lernprozess beim Spielen gegeben werden?

Spezielle Fragen zum Zusammenhang von Spielen und Philosophieren

- Gibt es Spiele, die sich in besonderer Weise für das Philosophieren eignen?
- Gibt es philosophische Themen und Fragen, die sich in besonderer Weise spielend oder gar nicht in dieser Form erschließen lassen?
- Was heißt beim Philosophieren Handlungsorientierung?
- In welchem Verhältnis und in welcher Bezogenheit aufeinander sollten Reflexivität und Handlungsorientierung beim Philosophieren stehen?

Das Einstiegsspiel in diesem Buch „Spiel-Wörter" knüpft an das inhaltlich-methodische Spektrum des Mediums „Spiel" an und fordert zu einer ersten Auseinandersetzung mit den Potentialen, Ausrichtungen und Wertungen von Spielen und dem Zusammenhang von Spielen und Philosophieren heraus.

Ein erstes Spiel zum Einstieg

Spielart	Spielleiter	Spielzeug
Spielfläche	Spielball	Spielplan
Spielgefährte	Spielplatz	Spieler
Spielkarte	Spielzeit	Spielführer
Glücksspiel	Spielfigur	Beispiel
Spielerei	Spielschulden	

Spiel-Wörter

1. Bildet Gruppen mit 4–5 Spielern und ergänzt das Spiel mit eigenen Spiel-Wörtern.
2. Schneidet die Spielkarten aus und legt sie mit der Schrift nach unten auf einen Stapel.
3. Zieht abwechselnd eine Karte und spielt den Begriff pantomimisch vor. Die anderen müssen herausfinden, um welches Wort es sich handelt. Wer das Wort richtig herausgefunden hat, behält die Karte. Wer zum Schluss die meisten Karten hat, ist Gewinner.

---

1. In welchem Zusammenhang zueinander stehen die Wörter des Spiels?
2. Welche Wörter würdet ihr mit dem Philosophieren in Zusammenhang bringen und welche nicht?
3. Gibt es ein Gegenteil von Spielen?
4. Gibt es gute und schlechte Spiele? Wenn ja, was macht sie aus?

An Schüler und Lehrer: Philosophieren und Spielen

Zur Einführung

Obwohl die Fächer Philosophie und Ethik ernste Themen und Probleme behandeln und mit Ernst betrieben werden, gibt es mannigfaltige Verbindungen beider zum Thema Spiel. Man könnte sogar behaupten, dass das Philosophieren spielerisch erfolgt und Philosophinnen und Philosophen eigentlich spielen, wenn sie über die Welt nachdenken und versuchen, Probleme zu lösen. An den folgenden Merkmalen des Spiels und der Philosophie wird dieser Zusammenhang gut deutlich. Die Eigenschaften beider Tätigkeiten gehen in einigen Bereichen sogar ineinander über.

Dem Philosophieren und dem Spielen ist unter anderem gemein, dass sich beide auf eine Suche begeben und Lösungen zu Problemen finden wollen, die in einem gewissen Sinne künstlich sind. Jedes Spiel hat ein Problem, das den Kern der spielerischen Tätigkeit ausmacht – beim Schach besteht dieses darin, nur durch bestimmte Figurenbewegungen den gegnerischen König zu bedrohen und beim Fußball, einen Ball in ein Tor zu befördern, ohne dass dies in beiden Fällen dem Gegner gelingt. Selbst beim ganz einfachen Spielen mit einem Ball oder Bauklötzchen gilt es Probleme zu meistern und letztere beispielsweise so aufzuschichten, dass sie nicht umfallen oder den Ball in einem bestimmten Rhythmus an die Wand zu werfen. Das Kernproblem des Spiels deutet das Ziel des Spiels an.

Ohne Probleme gäbe es auch keine philosophische Beschäftigung – wenn immer alles deutlich und klar wäre, gäbe es keine Fragen und niemand bräuchte darüber nachdenken, ob alles vielleicht auch ganz anders sein könnte. Philosophieren beginnt also mit dem Sich-Wundern und Fragen stellen, in dem die tägliche Welt gedanklich abgetastet und auf Probleme hin untersucht wird. Zur Kompetenz der Philosophen gehört es hierbei auch, Fragestellungen zu sehen, die manch einem anderen nicht auffallen würden: Die Frage etwa, ob wir ganz sicher existieren oder alles um uns herum nur träumen, spielt in unserem alltäglichen Leben daher nur eine untergeordnete Rolle, während sie eine Kernfrage der Philosophie geworden ist. Das Ziel der Philosophie ist es also, Fragestellungen zu finden und mögliche Antworten aufzuzeigen, um sich der Wahrheit und Weisheit etwas anzunähern.

Dies geschieht zwangsläufig in einem künstlichen Rahmen, der durch bestimmte Regeln bestimmt ist: Würde die Philosophin mit alltäglichen Argumenten arbeiten und behaupten, natürlich sei sie wach, da sie ja nicht schlafe, kämen Philosophen keinen Schritt in der Beantwortung ihrer Fragen voran. Sie verwenden daher gewisse Regeln, innerhalb derer man argumentieren und diskutieren darf und die vorgeben, dass einige Gründe mehr Beweiskraft haben müssen als augenscheinliche

Alltäglichkeiten. Zu behaupten, dass man wach sei, ist beispielsweise kein Beweis dafür, dass man dies auch wirklich ist. In gleichem Maße sind auch Spiele keine natürlichen Vorgänge, sondern finden in einer Spielsphäre und einer künstlichen Situation unter der Einhaltung gewisser Regeln statt. Ohne solche Regeln wäre ein Fußballspiel etwa völlig undenkbar - wenn jeder Spieler machen könnte, was er wollte, sich niemand bewusst wäre, wo das Spielfeld beginnt und endet, alle den Ball mal mit den Händen, mal mit dem Fuß bewegen und letztlich den Spieler schlagen und treten, dann ist dies irgendetwas, aber kein Fußballspiel mehr. Spielen bedeutet also in erster Linie, sich an gewisse Regeln zu halten. Wer gegen diese absichtlich verstößt, ist ein Falschspieler und wird dementsprechend zur Rechenschaft gezogen. Manchmal haben die Auswirkungen aus dem Spiel sogar Einfluss auf das echte Leben.

Eng mit den Regeln verbunden ist die Beschränkung des Spiels auf Ort und Zeit - ein Spiel beginnt und endet und findet innerhalb bestimmter Grenzen im Spielraum oder auf dem Spielplatz statt. An einem anderen Tag ist das Raumschiff der Kinder vielleicht wieder nur der Sandkasten und eine Stunde nach dem Handballspiel können zwei Mannschaften, die gegeneinander kämpften, friedlich gemeinsam grillen - das Spiel ist eben aus. Gleiches findet sich auch in der Philosophie: Es gibt philosophische Gespräche und Problemstellungen aber auch Metagespräche (also Nebenreden), die aufzeigen, dass Philosophinnen und Philosophen bei ihrer Tätigkeit davon wissen, dass sie in einer ganz bestimmten Sprache mit oft eigenem Vokabular, eigener Gültigkeit und speziellen Bezügen sprechen. Zudem wird auch ein Philosoph, der die Existenz von Tomaten bezweifeln kann, diese gern zum Abend essen und so zwischen seiner Tätigkeit und dem Alltag unterscheiden. Besonders deutlich wird dies in der Methode des Gedankenexperiments, bei der Philosophinnen und Philosophen einen Zustand des Als-ob annehmen, von dessen Fiktion sie wissen. So werden Dinge behauptet, die es gar nicht gibt oder Tatsachen verneint (genichtet), die allgemein bekannt sind, um zu neuen Erkenntnissen und Ergebnissen zu kommen.

Darüber hinaus gilt für das Spielen und das Philosophieren das besondere Moment der Lust an dieser Tätigkeit. Spielen macht Spaß - und Philosophieren macht Spaß. Leicht lässt sich das an der Zeit beobachten, die man in beide Tätigkeiten zu investieren bereit ist. Schnell werden aus wenigen Momenten, in denen man ein paar Runden Poker oder Tennis spielen wollte, ganze Stunden und ebenso gerät eine philosophische Untersuchung und ein Gespräch zu einem zeitintensiven Umgang mit Fragen, die man schnell einmal geklärt wissen wollte. Dabei vergessen der Spieler und der Philosoph die eigentliche Zeit recht häufig – man spricht von der Aufhebung der Zeit in der Zeit und könnte ewig so weitermachen.

Diese Geschlossenheit des Spiels und des philosophischen Denkens ist ein Merkmal, das sich noch durch viele weitere ergänzen lässt. So ist etwa die Spannung des Problemlösens und Zielerreichens ebenso wichtig wie die Frage nach der Kulturleistung, die durch diese Tätigkeit geschaffen wird. In beiden Bereichen ist zudem die Freiheit und das Fehlen von Tabus wesentlich und bestimmend: Im Spiel und in der Philosophie gibt es keine Themen, die nicht umgesetzt und angeschaut werden können; wer sich traut, dem ist hier alles erlaubt.

Spielen und Philosophieren sind durch eine Vielzahl von Gemeinsamkeiten geprägt, die zeigen, wie ähnlich sich diese Tätigkeiten sind. In beiden Disziplinen versucht man Probleme zu lösen und Ziele zu erreichen, vergisst darüber die Zeit, weil es Spaß macht und bewegt sich in einer Welt des Als-ob, die einem zu neuen Erkenntnissen über sich und die Welt verhilft, aber dennoch nicht die Wirklichkeit ist, wie wir sie sonst kennen. Das lässt in beiden Bereichen viel Freiraum für Kreativität, eigene Ideen und Gedanken und die Chance, mal etwas ganz Neues auszuprobieren und eigene Wege zu gehen.

1. Philosophieren und Spielen ähneln sich in vielen Aspekten, in welchen unterscheiden sie sich grundlegend?
2. Inwiefern ist es gerechtfertigt, das Philosophieren als Spielen zu bezeichnen? Und darf man – analog – das Spielen als Philosophieren bezeichnen?
3. Was lernt man beim Spielen und beim Philosophieren eigentlich konkret?
4. Welche anderen Tätigkeiten kennt ihr, die dem Spielen so ähnlich sind, wie das Philosophieren?

Hier gibt es nichts zu sehen

Nichtungsbrille

Stellt euch eine Nichtungsbrille vor, mit der ihr bestimmte Dinge nicht sehen könnt und diese einfach verschwinden lasst. Diese Negation ermöglicht den unverstellten Blick auf einige Probleme. Testet die Nichtungsbrille an der folgenden Geschichte, die ihr in Gruppen mit verteilten Rollen spielt und der jeweiligen Situation anpasst. Wählt dazu nacheinander diese Brillengläser aus:

Es gibt kein Geld mehr.	Es gibt keine unterschiedliche Alltagskleidung.	Es gibt keine unterschiedlichen Geschlechter.	Es gibt die Wörter „kein" und „nicht" nicht.	Es gibt kein(e) ___________ mehr.

Die Schulleitung hat das Tragen von Schuluniformen beschlossen. In der Klasse, in die John und Lena gehen, kommt es zu einem ernsthaften Streit, als der Lehrer das Geld einsammeln will: Beide haben es nicht dabei. John erklärt, dass seine Eltern nicht ausreichend Geld für diese Sonderausgaben bereit hätten und auch vier seiner sechs Geschwister diese Uniformen bräuchten. Seine Mutter sehe nicht ein, warum die Schulkleidung notwendig sei und habe auch so schon genug Probleme, die Familie zu versorgen. Lena hingegen weigert sich, das Geld abzugeben, obwohl sie es hätte. Sie betont, dass sie keine Schuluniform tragen wolle. Zum einen sei diese nicht figurbetont und zum anderen mache sie alle gleich. Das sei abzulehnen, weil jeder ein Individuum sei und sich nicht in Zwänge begeben solle.

Gerade als der Lehrer etwas erwidern will, bricht der Tumult in der Klasse los. Viele wollen nicht gleich sein. Andere wünschen sich die Schuluniform ...

1. Was passiert, wenn man einfach mal was weglässt? Wie hat sich die Geschichte verändert und welche Probleme sind dadurch geringer oder größer geworden?
2. Überlegt, ob man sich *alles* wegdenken könnte.
3. Was verbirgt sich hinter der Negation der Negation? Wie nichtet man *nichts?*

1 Was kann ich wissen?

Ein möglicher Mitspieler:
Immanuel Kant
(1724–1804)

1.1 Identität

Zur Einführung

Der antike Philosoph **Platon** (427–347 v. Chr.) vertrat die Auffassung, dass die Seele als immaterielles Prinzip die als „Selbst“ erlebte innere Einheit einer Person bewirkt. Sie ist seiner Vorstellung nach das Beständige. Die Seele existiert unabhängig vom Körper und ist daher unsterblich. Denken und Fühlen, Lernen und Intuition sind in dieser, dem Idealismus zugerechneten Denkweise, Aktivitäten der Seele. Durch Erinnerung wird das eigene verschüttete Wissen wieder verfügbar. In diesem Prozess gerät der Mensch in Konflikte, die daraus resultieren, dass sich die Seele aus unterschiedlichen Bestandteilen zusammensetzt: aus vernunftbegabten Anteilen im Kopf und unvernünftigen, triebgesteuerten, die im Unterleib angesiedelt sind. Für die Grundbestimmtheit der Seele verwendet Platon das Bild des Pferdewagens, der von zwei nach verschiedenen Richtungen strebenden Rossen gezogen wird. Das eine Ross steht für den Mut und das andere für das Begehren. Der Vernunft als Wagenlenker kommt die Aufgabe zu, dafür zu sorgen, dass das Begehren nicht die Oberhand gewinnt und so das Wohlergehen der Seele gesichert ist. Ein tugendhaftes Leben ist eine unabdingbare Voraussetzung für dieses Wohlergehen. Da der Körper „das Gefängnis der Seele“ ist, gilt es, ihn zu beherrschen und letztlich zu überwinden.

Eine ganz andere Auffassung vertritt der englische Philosoph **Thomas Hobbes** (1518–1679). Seiner Auffassung nach gibt es keine Trennung von Körper und Seele. Sämtliches Dasein und so auch das menschliche ist Folge der Bewegung von Körpern, Sinneswahrnehmungen und Empfindungen und somit nichts anderes als physisch erzeugte Vorstellung. Ebenso physisch sind Gedanken bis hin zu komplexen Denkmustern und Wirklichkeitskonstruktionen. Diese Denkrichtung wird dem Rationalismus zugerechnet. Die Existenz einer unsterblichen Seele wird verneint. Der Mensch ist letztlich nicht mehr als die Summe seiner körperlichen Bestandteile. Da alle Wahrnehmungen ebenso wie das Denken und Fühlen des eigenen „Selbst“ physisch erzeugt sind, verfügt der Mensch über keinerlei Freiheit und ist damit einer Maschine oder einem Automaten gleich.

1. Welche Bedeutung messen Platon und Hobbes der physischen Existenz des Menschen bei und wie denkt ihr darüber?
2. Wie erklären sie die Existenz eines eigenen „Selbst“?
3. Wie stellt ihr euch die Seele vor? Zeichnet ein Bild.

Identitätskonstruktionen

Arbeit

Charakter

Herkunft

Freunde

Geschlecht

Talente

Aussehen

Glaubenssätze

Beeinträchtigungen

Anleitung

1. Schneidet das Foto aus und konstruiert in kleinen Gruppen eine Identität, indem ihr die unterschiedlichen Identitätszuschreibungen mit Inhalt füllt.
2. Diskutiert den möglichen Wahrheitsgehalt eurer Konstruktion.
3. Klebt anschließend das Foto eines euch sehr gut bekannten Menschen auf ein weißes Blatt und beschreibt diesen Menschen anhand der Identitätszuschreibungen.
4. Lege deine Beschreibung der beschriebenen Person vor und befrage sie dazu. Stimmt deine Beschreibung?

---

1. Ist es möglich, die Identität eines Menschen von außen zu erfassen?
2. Welche Aspekte von Identität werden durch die angegebenen Identitätszuschreibungen nicht erfasst?
3. Stellt Bezüge vom Konstruktionsspiel zu den philosophischen Positionen von Platon und Hobbes her.

Spiel des Vertrauens

Was bedeutet es für dich, ein Junge/ein Mädchen zu sein?	Woran erinnerst du dich gern?	Woran magst du gar nicht denken?
Was tust du am liebsten?	Was wünschst du dir?	Welchen Beruf möchtest du einmal ausüben?
Woran glaubst du?	Was magst du an dir besonders?	Was magst du an dir nicht?
Wer ist dein Vorbild?	Wer unterstützt dich?	Was sind deine Hobbys?

Anleitung

1. Schneide die Kärtchen aus und lege sie mit der Schrift nach unten auf den Tisch.
2. Suche dir eine Partnerin/einen Partner, der/dem du vertraust.
3. Wählt abwechselnd eine Karte und schreibt auf die Rückseite die Antwort auf die Frage.
4. Stellt euch die Antworten gegenseitig vor.

1. Welche Fragen waren leicht, welche schwer zu beantworten?
2. Tauscht euch darüber aus, wie ihr so geworden seid, wie ihr euch heute seht.
3. Stellt euch vor, ihr hättet drei Wünsche frei. Was würdet ihr in eurem Leben ändern und was sagt dies über euch aus?

Zeitbilder

Mache es dir bequem, schließe die Augen und atme einige Male ruhig ein und aus. Stelle dir vor, dein Leben liegt wie auf eine Tapetenrolle gemalt vor dir und du beginnst nach und nach die einzelnen Bilder zu betrachten.

Das erste Bild geht weit in deine Kindheit zurück. Erinnere dich an die Zeit, als du noch ganz klein warst und noch nicht einmal in die Schule gingst. Wo hast du damals gewohnt, mit wem warst du zusammen und wie hast du den Tag verbracht? Gab es etwas, was du besonders gern gemacht hast? Lass dir Zeit für die Erinnerung. Lass die Bilder klar und deutlich werden.

Nun denke an deine ersten Schuljahre. Wie war es für dich, ein Schulkind zu sein? An welche Lehrerinnen und Lehrer kannst du dich noch gut erinnern? Gab es vielleicht kleine Episoden, die dich schmunzeln lassen oder Situationen, in denen du am liebsten im Boden versunken wärst? Mit wem warst du befreundet oder wen hättest du gern zum Freund oder zur Freundin gehabt? Und wie war es bei dir zu Hause? Stell' dir vor, du bist in deinem Kinderzimmer. Wo steht dein Bett, der Tisch, worauf fällt dein Blick?

Bleibe nun einen Moment im Hier und Jetzt. Wie fühlst du dich in der gegenwärtigen Situation? Wie ist es in der Schule? Wen magst du und wen kannst du gar nicht leiden? Hast du ein Lieblingsfach oder ein besonderes Talent? Stelle dir vor, du trittst an einem warmen Frühsommertag aus der Schule. Wie willst du den Nachmittag verbringen?

Zum Schluss wende dich einmal der Zukunft zu. Stelle dir vor, du hast die Schulzeit schon fünf Jahre beendet. Wo siehst du dich? Kannst du dir vorstellen, wie du den Tag verbringst und welche Menschen dich umgeben? Wie müsste dein Leben sein, damit es sich für dich richtig und glücklich anfühlt?

Atme weiter ganz ruhig ein und aus. Sollte es ein Bild geben, zu dem du gern noch einmal zurückgehen, bei dem du verweilen möchtest, dann gib ihm Raum. Wenn du genug gesehen hast, kehre langsam ins Hier und Jetzt zurück.

1. Tauscht euch zu zweit oder in kleinen Gruppen über eure „Bilder“ aus.
2. Welches der „Bilder“ findet ihr besonders interessant und würdet es gern genauer untersuchen?
3. Könnt ihr ein Leitthema oder mehrere Themen entdecken, die sich durch alle „Bilder“ hindurch ziehen?
4. Was hat sich von „Bild“ zu „Bild“ verändert?
5. Was macht eure Identität vor allem aus?

1.2 Wahrheit und Wirklichkeit

Zur Einführung

Die philosophische Frage, was wahr ist, macht nicht einmal vor dem halt, was wir als Wirklichkeit betrachten. Zwar können wir die Wirklichkeit von der Unmöglichkeit und der Möglichkeit abgrenzen und als das bezeichnen, was ist – es bleiben aber viele Fragen offen. So streiten Philosophen darüber, ob die Wirklichkeit außerhalb der Wahrnehmung überhaupt existiert (objektive oder intersubjektive Existenz), wie man herausfinden kann, ob die Erkenntnis über sie sicher ist (epistemisch), ob die Wirklichkeit sich einer festen Beschreibung vielleicht sogar völlig entzieht (relativ) oder welchen Sinn und Zweck sie haben könnte (metaphysisch).

Die Strömung des **Realismus** behauptet etwa, dass die Wirklichkeit unabhängig vom menschlichen Denken und Wahrnehmen existiert. Dies wird dadurch begründet, dass die Welt wissenschaftlich gut beobachtbar ist und aufgrund der gemachten Beobachtungen Voraussagen zum Beispiel in der Physik oder Biologie getroffen werden können, die dann auch eintreffen. Würde dies lediglich ein Zufall sein, wäre es ein Wunder, dass die Wissenschaften mit den entdeckten Gesetzmäßigkeiten recht hätten – und so viele Wunder wären unwahrscheinlich. **Konstruktivisten** hingegen sind überzeugt, dass die Wirklichkeit nur aus Strahlen, Wellen und Materie besteht und erst im Gehirn des jeweiligen Betrachters zu dem konstruiert (zusammengesetzt) wird, was wir als Wirklichkeit bezeichnen. Diese ist folglich nicht objektiv und sicher – vielmehr sieht sie in jedem Kopf ganz unterschiedlich aus.

Doch auch der *Begriff der Wahrheit* selbst ist problematisch: Wahr kann etwas sein, das richtig ist (zum Beispiel 4+4=8) aber auch etwas bezeichnen, das echt und einer Norm entsprechend ist (zum Beispiel ein *wahrer Freund* das Gegenteil von „wahr" kann sowohl die „Lüge" als auch der „Irrtum" sein. **Thomas von Aquin** (1125–1274) macht einen Vorschlag: Wahrheit ist das Übereinstimmen des Wissens einer Person über einen bestimmten Gegenstand mit den Eigenschaften des Gegenstandes (Korrespondenztheorie).

1. Welche Dinge sind euch in eurem Leben bisher „unwirklich" vorgekommen? Woran lag das?
2. Worin besteht der Unterschied zwischen einem Irrtum und einer Lüge?
3. (Wie) Bekommen wir sicher heraus, welches die Eigenschaften eines Gegenstandes sind?

Wer einmal lügt ...

Die literarische Figur „Baron Münchhausen“ des Autors Gottfried August Bürger (1747–1794) erzählt Geschichten, bei denen man selten weiß, ob sie wahr oder erlogen sind. Häufig sind sie zumindest übertrieben – legendär ist beispielsweise der Ritt des Barons auf einer abgeschossenen Kanonenkugel.

Baron Münchhausen

1. Erinnert euch an Geschichten, die ihr erlebt habt und wählt besonders die Geschichten aus, die für andere ungewöhnlich erscheinen.
2. Fügt euren Geschichten ein oder zwei Details hinzu, die ihr frei erfunden habt.
3. Erzählt euch gegenseitig eure Geschichten; versucht dabei, so gut wie möglich und vor allem unauffällig zu flunkern.
4. Ratet, welche Dinge der Geschichten eurer Mitschüler erfunden sind. Dazu habt ihr fünf Versuche pro Geschichte. Bekommt ihr nicht heraus, welches Detail erlogen ist, hat der Geschichtenerzähler einen Münchhausenpunkt gewonnen. Wer am Ende die meisten Münchhausenpunkte hat, der hat gewonnen.
5. Um das Spiel schwieriger zu machen, schreibt die Geschichten auf und lasst eure Mitschüler nach dem Lesen raten. So könnt ihr euch nicht durch eure Stimme oder durch euer Gesicht verraten und die anderen müssen sich sehr genau auf den Inhalt konzentrieren.

---

1. In der Spielanleitung werden „flunkern“ und „lügen“ gleich verwendet. Gibt es einen erkennbaren Unterschied zwischen beiden Tätigkeiten? Erstellt ein Begriffsnetz mit verwandten Wörtern.
2. Kann man mit Sicherheit sagen, ob ein Mensch lügt oder die Wahrheit sagt?
3. Können Tiere eigentlich auch lügen? Versuche deine Antwort gut zu begründen.
4. Warum ist es überhaupt wichtig, zwischen Lüge und Wahrheit zu unterscheiden?

Aber es wa(h)r doch im Fernsehen ...

Obwohl Fotos vermitteln, dass sie die Wirklichkeit abbilden, zeigen sie uns doch nur einen Ausschnitt. Wir wissen zum Beispiel nie, was sich hinter dem Kameramann befindet; manchmal sind Bilder und Filme sogar nachträglich geschnitten und bearbeitet.

Nachrichten auf Kanal 7

1. Teilt euch in mehrere gleich große Gruppen auf.
2. Ihr seid nun die Redaktion einer Nachrichtensendung auf Kanal 7. Überlegt euch zuerst, wie eure Nachrichtensendung heißen soll, wer der Nachrichtensprecher wird, wer die Kamera bedient, wer sich um die Inhalte kümmert und so weiter ...
3. Recherchiert nun Neuigkeiten auf dem Schulhof oder in der Stadt. Entscheidet, was wichtig genug ist, um von euch in der Sendung gezeigt zu werden. Überlegt, ob ihr verschiedene Ereignisse filmen wollt, ob ihr Interviews führt oder einfach nur darüber berichten möchtet. Falls ihr keine Neuigkeiten findet, beratschlagt, was man sonst senden könnte. Ihr könnt natürlich auch einfach Nachrichten frei erfinden – ob das überhaupt jemand merkt?
4. Produziert nun eure Nachrichtensendung für eine Sendezeit von 7 Minuten. Versucht dabei, so professionell wie möglich zu sein und experimentiert mit verschiedenen Effekten, Musik, Farbgebung, Kleidung usw.
5. Stellt eure Nachrichten anschließend den anderen Mitschülern vor und seht euch ihre Nachrichtensendungen auf Kanal 7 an.
6. Ladet zum großen Presseball von Kanal 7 und prämiert die beste Sendung mit der *Goldenen Kamera*. Haltet dazu eine Laudatio.

---

1. Was macht eine gute Nachrichtensendung aus? Warum gibt es dafür Standards?
2. Begründet, warum Pressefotografen sich selbst auferlegen, Bilder nicht zu bearbeiten.
3. Warum vertrauen wir Nachrichtensendungen mehr als den Gerüchten in der Cafeteria?
4. Inwiefern kann ein Foto oder ein Film wahr oder falsch sein?

Der Wahrheit auf der Spur ...

Wahrheit oder Risiko

Wählt abwechselnd jeweils eine Kiste aus und beantwortet die Wahrheitsfrage ehrlich oder erfüllt die anstehende Risiko-Aufgabe.

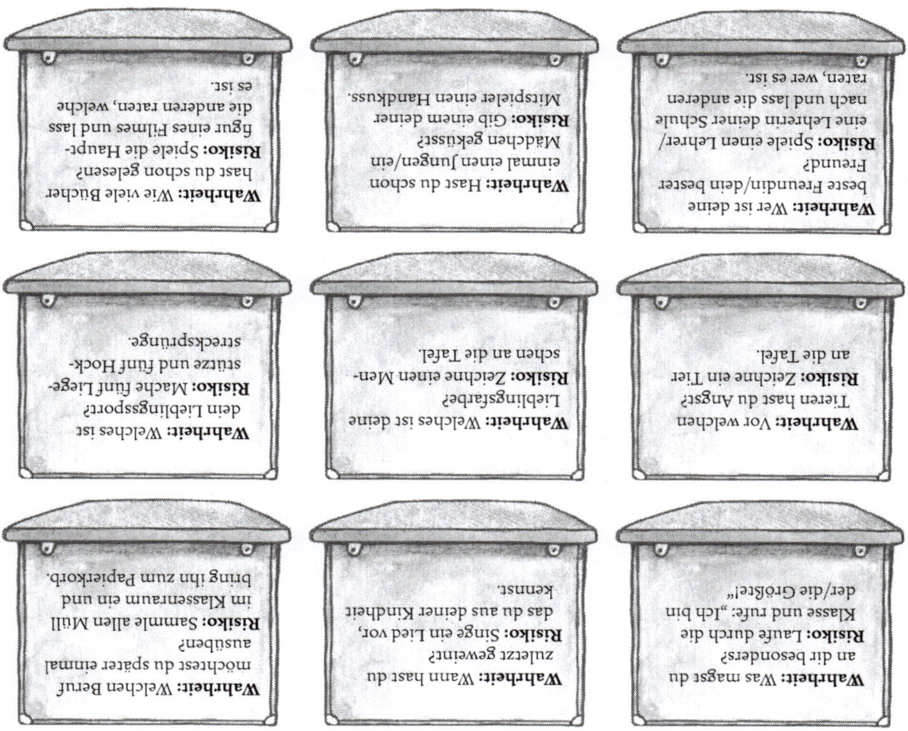

1. Warum ist es manchmal schwierig, wahre Dinge auszusprechen?
2. Welche guten Gründe gibt es, nicht immer die Wahrheit zu sagen, sondern zu schweigen?
3. Was können wir über unsere Mitmenschen eigentlich wissen, wenn wir nicht wissen, ob sie uns die Wahrheit erzählen. Vielleicht sind alle ganz anders, als sie vorgeben?

1.3 Zweifel und Täuschung

Zur Einführung

Eine wichtige Frage der Philosophie ist die nach dem sicheren Wissen: Dürfen wir annehmen, dass die Dinge, die wir kennen, auch wirklich existieren? Vielleicht täuschen wir uns und alles ist in Wirklichkeit ganz anders ...

Die Suche nach sicherem Wissen hat die Menschen seit der Antike zu verschiedenen Theorien gebracht – dabei muss man jedoch zwei Grundrichtungen unterscheiden: Viele sind der Überzeugung, Mittel und Wege entdeckt zu haben, die uns einen Zugang zum Wissen verschaffen: Einige halten die Sinne für die Brücke zur Wirklichkeit **(Empiristen)**, andere versuchen das Wissen über den Geist und Verstand zu erklären **(Rationalisten)**.

Einige wenige halten fest, dass wir niemals sicher sein können, ob etwas richtig oder falsch ist. Nach der Idee der letztgenannten Philosophen ist aller Erkenntnis gegenüber stets Skepsis angebracht, weshalb man diese Position auch **Skeptizismus** nennt. Bereits **Sextus Empiricus** (etwa 200 n. Chr.) stellte eine umfangreiche Liste der Dinge auf, die man ganz sicher nicht wissen kann. Später hielten auch **René Descartes** (1596–1650) und **David Hume** (1711–1776) fest, dass sie an gewissen Dingen zweifeln müssen: Descartes entwickelte infolge dessen den „methodischen Zweifel“, mit dem man herausfinden soll, was sicher ist und worüber man sich nicht sicher sein kann. Mit der Feststellung, dass wir alle Dinge nur über die Sinne wahrnehmen und wir uns schon oft von diesen haben täuschen lassen, schließt er einfache Sinneseindrücke als Quelle sicheren Wissens aus. Hume geht noch einen Schritt weiter: Er sagt, dass wir viele unserer Annahmen auf Dinge gründen, die wir in unserer Vergangenheit erfahren haben. Dass ein Stift auf den Boden fällt, nehmen wir an, weil wir es sehr oft beobachten konnten – ein Beweis und sicheres Wissen ist das aber nicht, weil wir aus unseren vergangenen Beobachtungen nicht sicher die Zukunft voraussagen können. **Hilary Putnam** (* 1926) äußert gar die Vermutung, dass wir alle nicht existieren, sondern Gehirne in einem Tank seien, denen die Welt um uns herum nur vorgespielt wird.

1. Kann es sicheres Wissen überhaupt geben? Begründet!
2. Platon (427–347 v. Chr.) nennt Wissen „wahre gerechtfertigte Meinung“ – was ist das eigentlich?
3. Der Zweifel ist sehr mächtig – aber heißt „zweifeln können“ auch „zweifeln müssen“?

Woran wir zweifeln können

Die Zweifler kommen

1. Die folgenden Aussagen werden jeweils auf ein Blatt Papier geschrieben und durch eigene weitere sechs Ideen ergänzt. Alle fertigen 12 Zettel werden an Schüler verteilt, die ihre Paten sein sollen und sich die „Verteidiger des Wissens" nennen.

Die Atommasse von Gold beträgt 196u.	Am 24.12. ist Heiligabend.	3 + 3 = 6
753 v. Chr. wurde Rom gegründet.	Ich habe Schmerzen.	Wer zweifelt, kann nicht sicher sein, dass es richtig ist, zu zweifeln.

2. Die „Verteidiger des Wissens" überlegen sich, wie man die Aussagen auf ihren Zetteln beschützen kann, so dass kein Zweifeln an ihnen möglich ist.
3. Alle Schüler ohne Zettel gehören zur „Kaste der Zweifler". Sie zweifeln alles an, was sie auf den Zetteln lesen und sammeln dafür gute Gründe.
4. Im großen Kampf der „Zweifler" gegen die „Verteidiger des Wissens" wird entschieden, welche Seite die besseren Gründe hat. Alle „Verteidiger des Wissens" stehen und müssen sich hinsetzen, wenn zusammen festgestellt wurde, dass das Wissen auf ihren Zetteln ernsthaft zu bezweifeln ist. Schaffen die Zweifler mehr Wissen umzustoßen oder die Verteidiger mehr zu schützen?

---

1. Woran liegt es, ob Wissen bezweifelt werden kann oder nicht?
2. Was bedeutet es für unsere Welt, wenn wir an vielen Dingen zweifeln können?
3. Worüber kann man sich wirklich ganz sicher sein?
4. Welche Chance seht ihr in der Unsicherheit vieler Dinge?

Was uns wissen lässt

Die Klebezettelerkenntnis

1. Geht im Raum umher und versucht, etwas in diesem wahrzunehmen. Notiert anschließend fünf Wahrnehmungen auf Klebezetteln.
2. Zeichnet gemeinsam einen Menschen auf ein großes Blatt Papier.
3. Klebt eure Zettel aus dem Schritt 1 möglichst schnell auf die Stellen am Körper eures Menschen, mit denen er die beschriebenen Dinge oder Phänomene wahrnehmen könnte. Diskutiert, ob die Zettel an der richtigen Stelle kleben.
4. Ergänzt eure Klebezettel um die folgenden Beispiele und ordnet auch diese gemeinsam zu. Diskutiert, ob sie richtig hängen.

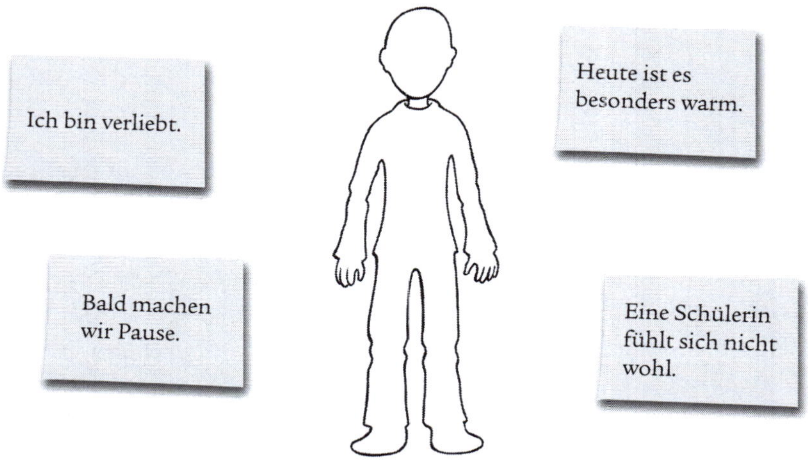

1. Welche Zettel kann man recht schnell und mit großer Sicherheit zuordnen?
2. Warum ist dies bei anderen deutlich schwerer, vielleicht sogar unmöglich?
3. Begründet, welche der wahrgenommenen Dinge zweifelsfrei sicher sind.
4. Wo kleben die meisten Zettel und was bedeutet das eigentlich?
5. Wie wichtig sind unsere Sinne für unser Wissen?

Selektive Wahrnehmung

Hinter meinem Rücken

1. Spielt die folgenden drei Thesen jeweils in einem szenischen Spiel vor; interpretiert und diskutiert dazu zuerst die Thesen in der jeweiligen Gruppe.
   a) Wenn ein Baum im Wald mit einem großen Krachen umfällt und niemand dort ist, der es hören kann, dann ist es doch so, als ob der Baum gar nicht umfallen würde.
   b) Es ist höchst unsicher, ob der Raum hinter dieser Tür überhaupt existiert, solange die Tür geschlossen ist. Mit einiger Wahrscheinlichkeit ist der Raum nur dann dort, wenn man die Tür einen Spalt öffnet oder durch das Schlüsselloch guckt.
   c) Meinen Hinterkopf habe ich bisher nur in Filmen gesehen und jemand (etwa meine Frisörin) hat davon gesprochen. Da ich aber weiß, dass Filme oft mit Tricks arbeiten und Menschen hin und wieder lügen, gibt es eigentlich keine Beweise dafür, dass ich überhaupt einen Hinterkopf habe.
2. Bildet zusammen einen „Sicherheitsrat“, der sich zu der Frage verständigt, was man anhand der drei szenischen Darstellungen lernen kann. Klärt anschließend die Frage, worüber man sich sicher sein kann und woran weiter gezweifelt werden darf.
3. Fasst die Ergebnisse des „Sicherheitsrates“ in einer Zeichnung zusammen, die als Überschrift „Was hinter meinem Rücken geschieht ...“ trägt. Bereitet eine Ausstellung der Bilder vor, führt euch gegenseitig durch die Ausstellung und erklärt die Bilder an den Wänden.

---

1. Was kann man daraus schließen, dass wir uns manchmal – etwa optisch – täuschen?
2. Gibt es eine wirkliche Welt außerhalb unserer Wahrnehmung?
3. Wie ist die wirkliche Welt eigentlich, wenn unser Bild von der Welt immer nur über unsere Sinne bestimmt wird?
4. Bist du sicher, dass es dich gibt – und wenn ja – gilt diese Aussage automatisch auch für andere?

1.4 Erinnern und Vergessen

Zur Einführung

Erinnern und Vergessen sind zwei Aktivitäten unseres Gehirns, die einander bedingen. Manche Dinge sind so bedeutsam, dass wir uns an sie erinnern, andere bewerten wir als weniger wichtig. Damit in unserem Gehirn genug Platz für die bedeutsamen Dinge ist, werden die weniger bedeutsamen vergessen. Wenn wir neue Informationen aufnehmen, gehen unsere Nervenzellen im Gehirn neue Verbindungen ein. Es wachsen feine Fortsätze an den Nervenzellen, die sich mit anderen an bestimmten Kontaktstellen verbinden und sogenannte Synapsen bilden. Wird eine Information als weniger wichtig bewertet oder als besonders bedrohlich, werden diese Verbindungen zeitweilig oder für immer gelöst.

Zum Vergessen gibt es zwei Theorien. Die „Theorie des Spurenverfalls“ geht davon aus, dass wir Dinge, die wir erlebt haben einfach mit der Zeit vergessen. Die „Indifferenztheorie“ besagt, dass alte Erfahrungen durch neue überlagert werden, sodass zurückliegende Ereignisse oder auch Fähigkeiten langsam verblassen. Das bedeutet aber nicht, dass sie zwangsläufig für alle Zeiten vergessen sind. Werden sie durch bestimmte Situationen oder Faktoren wieder bedeutsam, so können sie reaktiviert, wieder erinnert werden. Fahrrad- oder Autofahren, das Spielen eines Instruments oder das Anfertigen von Handarbeiten kann z. B. in einer bestimmten Lebensphase bedeutungslos werden und ruhen. Diese Tätigkeiten können aber später wieder aktiviert und abgerufen werden. Unangenehme oder peinliche Situationen können wir verdrängen und uns so zumindest zeitweise psychisch stabilisieren. Diese Erfahrungen können unterbewusst in uns weiter arbeiten und unsere Psyche belasten. In der Aktivierung dieser Erfahrungen besteht dann die Chance ihrer Bewältigung. (Nach Frederic Vester: Denken, Lernen, Vergessen. Europ. Bildungsgemeinschaft, Stuttgart 1987)

1. Warum bedingen Erinnern und Vergessen einander?
2. Warum ist Vergessen so wichtig?
3. Man stelle sich vor, Menschen hätten die Fähigkeit des Vergessens nicht.
4. Wovon ist es abhängig, ob wir etwas erinnern oder vergessen?
5. Warum können sich manche Menschen an bestimmte Dinge erinnern und andere nicht?
6. Von Honoré de Balzac (1799–1850) stammt der Ausspruch: „Man lebt zweimal – in der Wirklichkeit und in der Erinnerung“. Tauscht euch über diese Aussage aus.

Assoziationsspiel

Bildgedanken

1. Sieh dir das Foto genau an.
2. Welche Gedanken und Gefühle löst es bei dir aus.
3. Beschreibe Situationen, an die dich das Foto erinnert.
4. Schreibe zum Bild eine kleine Geschichte, lass deinen Gedanken dabei freien Lauf.

1. Was sind Assoziationen?
2. Wie entstehen sie?
3. Was hat Assoziieren mit Erinnern und Vergessen zu tun?
4. Wie unterscheidet sich die Wirkung eines Bildes von der Wirkung von Worten?
5. Welche inneren Bilder verbindet ihr mit den Begriffen „Glück“, „Freiheit“, „Zeit“?
6. Versucht das Spiel noch einmal mit eigenen Bildern.

Teste deine Merkfähigkeit!

Memory

1. Kopiere die Fotos so, dass du jedes zweimal hast und schneide sie aus.
2. Lege alle Fotos in einmaliger Ausführung übereinander und mische den Stapel.
3. Sieh dir nun alle Fotos nacheinander an und lege sie in der angesehenen Reihenfolge mit dem Bild nach unten vor dir auf den Tisch.
4. Versuche alle Fotos in der richtigen Reihenfolge zu benennen. Kontrolliere dich, indem du anschließend alle Fotos wieder aufdeckst.
5. Lege anschließend alle Fotos (zweimal) auf einen Stapel und mische ihn.
6. Lege die Fotos mit dem Bild nach unten vor dir auf den Tisch.
7. Spiele mit einem Partner. Deckt Paare auf.

---

1. Ist es euch leichter gefallen, alle Fotos in der richtigen Reihenfolge zu benennen oder mit den Fotos Memory zu spielen?
2. Versucht herauszufinden, welche Strategie ihr angewandt habt.
3. Wie könnte man bei diesem Spiel schummeln?

Das Gedächtnis lässt sich trainieren

Laura will sich die folgenden Zahlen in der richtigen Reihenfolge merken: 268049. Dabei hilft es ihr, jede Zahl mit einem Bild zu verbinden, das der Zahl ähnlich ist. Laura hat folgende Gedächtnishilfen gewählt: 2 = Schwan, 6 = Butterflocke, 8 = Brille, 0 = Schlüsselloch, 4 = Mensch mit übergeschlagenen Beinen, 9 = Klopapier

Zahlenbilder

1. Geht wie Laura vor und merkt euch eine selbst gewählte Zahlenkombination, indem ihr den eigenen Zahlen „Bilder" zuordnet.
2. Fertigt von jedem Bild eine Skizze an.
3. Seht euch zu zweit die einzelnen Bilder an.
4. Versucht nun, Zahlenkombination eures Partners herauszufinden.
5. Tauscht euch über eure Strategien aus!

Max hat eine andere Strategie. Er merkt sich die Zahlenkombination 26798196, indem er jeder Zahl eine Gegebenheit auf seinem Schulweg zuordnet, die mit einem Buchstaben an der entsprechenden Stelle im Alphabet beginnt (z.B. 2 beginnt mit „B", weil „B" der zweite Buchstabe im Alphabet ist.). Außerdem hält er die Reihenfolge ein, in der ihm die Gegebenheiten auf seinem Weg begegnen: 2 = Briefkasten, 6 = Fahrradständer, 4 = Dackel, 7 = Gartentor, 8 = Hauptstraße, 19 = Supermarkt, 6 = Fahrradständer.

Zahlengeschichte

1. Geht wie Max vor und merkt euch eine selbst gewählte Zahlenkombination, indem ihr den einzelnen Zahlen Gegebenheiten auf eurem Schulweg zuordnet.
2. Versucht nun zu zweit, die Zahlenkombination eures Partners herauszufinden, indem ihr euch von ihm seinen Schulweg beschreiben lasst.
3. Tauscht euch über eure Strategien aus!

Der beste Supermerker gewinnt einen Gedächtnisorden.

1. Was könnte im Gehirn passieren, wenn wir uns Zahlenkombinationen mit Hilfe von Bildern merken?
2. Was ist wichtig, damit wir uns überhaupt etwas merken?
3. Was könnte passiert sein, wenn uns plötzlich eine Zahlenkombination oder ein Name nicht mehr einfällt?
4. Könnte man sich Zahlen oder Wörter auch mit Hilfe von Musik merken? Probiert es aus.
5. Welche Nachteile könnte es haben, sich Zahlen durch Bilder zu merken?

1.5 Perspektivität

Zur Einführung

Der Begriff „Perspektivität“ ist vom Wort „Perspektive“ abgeleitet und meint eine bestimmte Betrachtungsweise der Welt, die von vielen Aspekten abhängig ist und die Sichtweise einzelner Menschen oder von Gruppen abbildet. Dabei kann die Betrachtung zum Einen auf die äußere Welt und zum Anderen auf das eigene Selbst ausgerichtet sein. Die Wahrnehmung der äußeren Realität ist z. B. vom Standpunkt des Betrachters, von der Helligkeit des Raumes und vom Abstand zum betrachteten Gegenstand abhängig. Aber auch von der Beschaffenheit der Sinnesorgane, z. B. des Auges oder Ohres, ist abhängig, wie Menschen ihre Umwelt wahrnehmen. Außerdem beeinflussen Einstellungen und Erfahrungen diese Wahrnehmung. Beispielsweise nimmt ein Mensch, der das Meer in seinem Urlaub als einen Ort der Erholung und des Genusses erlebt hat, diesen Ort als besonders wohltuend und schön wahr, während jemand, der nur knapp dem Ertrinken entronnen ist, sich vielleicht davor fürchtet und Strände meidet. Die Wahrnehmung des eigenen Selbst ist ebenso geprägt von äußeren und inneren Faktoren. Äußere Faktoren sind z. B. die Art und Weise, wie andere Menschen mit einem Individuum umgehen und die Lebensbedingungen insgesamt, die auf dieses einwirken. So kann ein Mensch, der in einer anregungsarmen Umwelt aufwächst, sich selbst als wenig kreativ und wirksam wahrnehmen, während ein anderer Mensch, dem schon als Kind viele Möglichkeiten der Entwicklung eröffnet wurden, sich selbst für phantasievoll und konstruktiv hält. Als innere Faktoren der Selbstwahrnehmung fungieren z. B. bestimmte Charaktereigenschaften, die genetisch angelegt sind. So ist zu erklären, dass selbst Menschen, die unter identischen Lebensumständen aufwachsen, sich selbst und die äußere Welt unterschiedlich erfahren und je eigene Wege im Leben gehen. In der Konsequenz scheint jeder Mensch eigene, nicht konstante Perspektiven auf sich und die Welt zu haben. Vor diesem Hintergrund stellt sich die Frage, in wie weit überhaupt eine geteilte Vorstellung von Sein und Welt möglich und wünschenswert ist.

1. Können überhaupt gesicherte Aussagen getroffen werden, wenn alle Wahrnehmungen perspektivisch sind?
2. Gibt es Aspekte der Wahrnehmung, die allen Menschen gemeinsam sind?
3. Man stelle sich vor, die Wahrnehmung der Welt wäre bei allen Menschen gleich. Was hätte das zur Folge?

Memory: Auf den Blickwinkel kommt es an

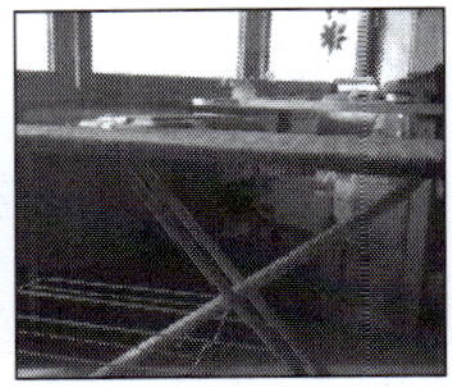

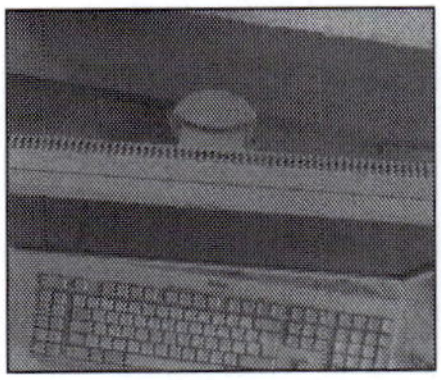
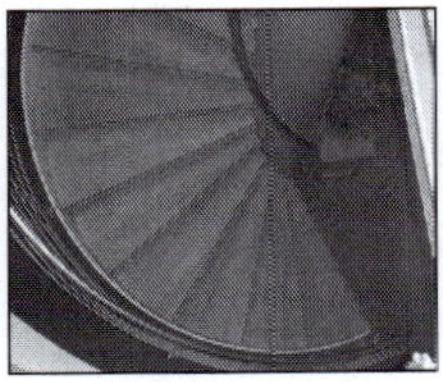
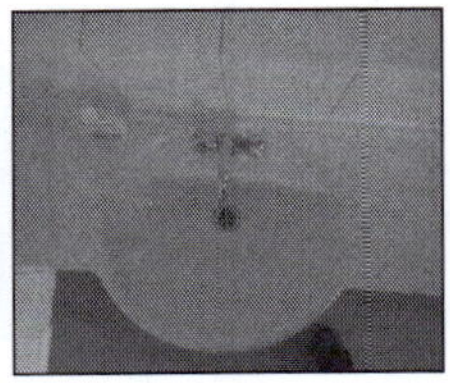
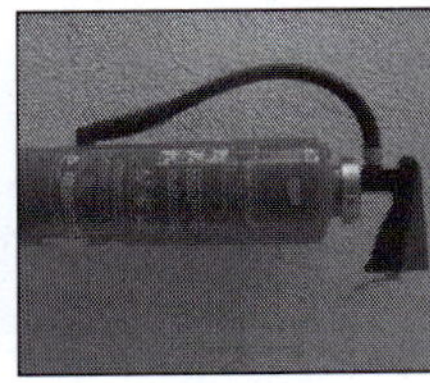

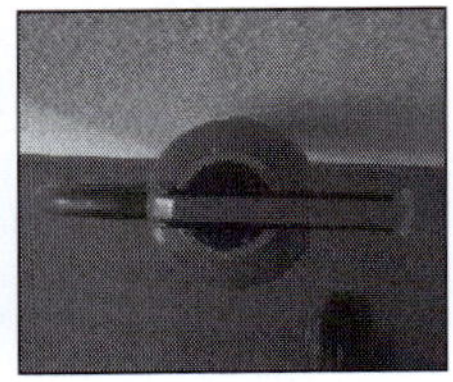

Spielanleitung

1. Schneidet die Karten aus und legt sie mit dem Bild nach unten auf den Tisch.
2. Deckt nun abwechselnd auf, welche Karten zusammen gehören.
3. Überlegt, aus welchen Perspektiven die Fotos gemacht wurden. Achtung, es gibt verschiedene Möglichkeiten!
4. Fotografiert selbst Gegenstände aus unterschiedlichen Blickwinkeln und fertigt mit euren Fotos ein Memory oder eine Ausstellung an.

---

1. Was ändert sich an der Wahrnehmung eines Gegenstandes, wenn die Perspektive gewechselt wird?
2. Wovon ist die Wahl einer Perspektive abhängig?
3. Wie können Perspektiven Wahrnehmungen *verstärken*, *verzerren* oder *unmöglich machen?*

Sinne können uns täuschen

Erkundungsspiel „Sehexperiment"

a)
1. Sammelt farbiges Glas, z. B. Glasscherben, Flaschen oder Gläser und betrachtet durch sie verschiedene Gegenstände.
2. Tauscht euch darüber aus, wie die Farbe des Glases eure Wahrnehmung der Gegenstände verändert.

b)
1. Betrachtet Pflanzen, Tiere und Gegenstände durch ein Prisma. Ähnlich sehen Fliegen und Wespen die Welt.
2. Versucht Gegenstände und Pflanzen, die ihr durch das Prisma seht, anzufassen. Was fällt dabei auf?

c)
1. Stellt eine Sammlung mit unterschiedlichen, möglichst interessanten Gegenständen zusammen.
2. Verbindet einem Partner die Augen und lasst ihn die Gegenstände ertasten.
3. Tauscht euch über eure Empfindungen und Erfahrungen als „Blinder" aus.
4. Führt euren Partner mit verbundenen Augen durch den Raum, führt ihn beim Treppen steigen oder Fahrstuhl fahren.
5. Tauscht euch darüber aus, wie ihr euch mit geschlossenen Augen gefühlt habt.

---

1. Wie sicher können wir uns sein, dass die Dinge unabhängig von uns so sind, wie sie uns erscheinen?
2. Was müssen Fliegen und Wespen können, um sich in der Welt zurechtzufinden? Sind sie uns überlegen?
3. Gibt es Sinne, die für die Wahrnehmung der Welt wichtiger sind als andere?
4. Gedankenexperiment: Stell dir vor, du könntest die Dinge nur zweidimensional wahrnehmen. Wie würden sie dir erscheinen und was wäre anders?

Bekräftigungen

Von dem Dichter Theodor Fontane (1819–1898) stammt der Ausspruch „Courage ist gut, aber Ausdauer ist besser." Damit verweist er darauf, dass einem etwas gelingen kann, was man sich vielleicht gar nicht zutraut, wenn man es über einen längeren Zeitraum intensiv übt und sich auch nicht von Rückschlägen entmutigen lässt.

– Yes, I can …

1. Nehmt euch Zeit und versucht ganz zur Ruhe zu kommen.
2. Überlegt euch, was ihr unbedingt gern können würdet, z. B. einen Zaubertrick. Bedenkt dabei, dass die Erfüllung eures Wunsches möglich sein muss.
3. Entwickelt eine Strategie, wie ihr vorgehen wollt. Überlegt z. B.,
   a) wer euch beim Einüben des Tricks helfen kann,
   b) welche Hilfsmittel und Materialien ihr benötigt,
   c) wann ihr euch Zeit zum Einstudieren und Üben einräumen wollt …
4. Beginnt mit dem Üben und präsentiert nach der verabredeten Zeit das Ergebnis.

Ermutigung und Zuspruch anderer sind wesentlich für das Bild, das wir uns von uns selbst machen.

– Warme Dusche

1. Suche dir einen Partner/eine Partnerin, der/dem du vertraust und setzt euch so hin, dass ihr euch in die Augen schauen könnt.
2. Überlegt, was euch an eurem Gegenüber besonders gefällt. Dabei kann es sich sowohl um Äußerlichkeiten als auch um Eigenschaften handeln.
3. Erzählt euch nun abwechselnd, was ihr euch überlegt habt.
4. Tauscht euch darüber aus, was die Aussagen in euch bewirken.

---

1. Wie viel Selbstzweifel und wie viel Selbstbewusstsein sind erstrebenswert?
2. Wodurch ändert sich die Betrachtungsweise des eigenen Ich?
3. Welche weiteren Möglichkeiten gibt es, sich und anderen Mut zu machen?

1.6 Zeit

Zur Einführung

Kaum ein Phänomen ist so schwer zu fassen, wie die Zeit. Obwohl man mit physikalischen Instrumenten leicht messen kann, wie schnell ein Auto fährt, ist gar nicht ganz klar, was Zeit eigentlich ist. **Augustinus** (354–430) hält fest: „Was ist Zeit? Wenn mich niemand danach fragt, weiß ich es; doch wenn ich es erklären soll, dann weiß ich es nicht." Grundsätzlich, so Augustinus, ist es sinnvoll die physikalische Zeit (objektiv) mit einer Vergangenheit, einem nicht bestimmbaren Jetzt und einer Zukunft von einer erlebten Zeit (subjektiv) mit einer ausgedehnten Vergangenheit, Gegenwart und möglichen Zukunft zu unterscheiden.

Zeit (objektiv-physikalisch):	Vergangenheit – Jetztpunkt – Zukunft
Zeit (subjektiv-psychisch):	Vergangenheit – Gegenwart – Zukunft

In der Philosophie beschäftigt man sich insbesondere damit, was Zeit ist und ob sie unabhängig von Ereignissen sein kann. **Aristoteles** (384–322 v. Chr.) zum Beispiel erklärt, dass Zeit nur durch Veränderung in der Welt zu erkennen sei. **Isaac Newton** (1643–1727) ergänzt, dass sie ebenso existiere, wie alles andere Messbare in der Natur. **Gottfried Wilhelm Leibniz** (1646–1716) hingegen ist davon überzeugt, dass die Zeit ein gedankliches Konstrukt des Menschen ist und man sie sich gar nicht als sie selbst vorstellen könnte. In diesem Sinne existiert Zeit nur, wenn wir sie gedanklich verwenden.

Besonders interessant erscheint Philosophen die Frage nach dem Bewusstsein von der Zeit, das für viele weitergehende Themen von Bedeutung ist. Eine „Person" wird beispielsweise von **Peter Singer** (* 1946) als ein in Raum und Zeit bewusstes Wesen beschrieben – da kleine Kinder und viele Tiere sich zum Beispiel keine Vorstellung von der Zukunft machen können, sind sie demnach keine Personen.

1. Vergleicht das Zeitverständnis der verschiedenen dargestellten Positionen. Welchen könnt ihr zustimmen? Gebt Gründe an.
2. Wie könnte man den alltäglichen Wunsch „keine Zeit zu verlieren" deuten? Kann man Zeit auch sparen?
3. Sammelt Sprichwörter zur „Zeit" und erklärt sie.
4. Stellt *Gegenwart, Eile, Zeitlosigkeit, Vergangenheit, Langeweile* und *Zukunft* szenisch dar. Wie nehmt ihr die Qualitäten von Zeit wahr?

Lebendige Geschichte hautnah

Zeitreise

Begebt euch auf eine Zeitreise in die Zeit eurer Vorfahren und Eltern und versucht herauszufinden, wie es sich angefühlt haben könnte, in eurem Alter in deren Zeit gelebt zu haben. Das braucht ein wenig Vorbereitung:

1. Ordnet euer Alter den Lebensdaten euer Urgroßeltern, Großeltern und Eltern zu, indem ihr genau ausrechnet, zu welchem Jahr, diese in eurem Alter waren.
2. Recherchiert und sammelt in der Bibliothek und im Internet, was ihr über diese drei verschiedenen Zeiten herausfinden könnt. Konzentriert euch zum Beispiel auf die Mode, die Musik, Kinofilme, Zeitungen, typisches Essen, Jugendbücher, Freizeitgestaltung und den Schulunterricht der jeweiligen Zeit.
3. Bereitet die Zeitreise großangelegt vor – besorgt die recherchierte Musik oder Filme, leiht euch Bücher aus und ahmt die Mode der Zeit nach, kocht zusammen das typische Essen und überlegt, ob ihr einmal eine Schulstunde oder einen bestimmten Aspekt der herausgearbeiteten Freizeitgestaltung ausprobieren möchtet.

Führt nun eure Zeitreise durch, indem ihr die drei Zeitstationen nacheinander „abfahrt". Beginnt bei der ältesten Position und verweilt dort eine Weile. Versucht, euch richtig in die Zeit hinein zu denken und spürt, wie es sich angefühlt haben könnte, als eure Urgroßeltern in eurem Alter waren. Hört die Musik der Zeit, tanzt vielleicht in deren Stil, seht in einen der Filme hinein und esst das, was die Menschen damals auch gegessen hätten. Probiert das gleiche auch mit den beiden anderen Epochen aus und nähert euch nach und nach wieder der Gegenwart. War das spannend?

---

1. Wie hat es sich angefühlt, in eine andere Zeit hinein zu tauchen?
2. Inwiefern kann man die Jugend eurer Urgroßeltern, Großeltern und Eltern mit eurer vergleichen? Sammelt Gemeinsamkeiten und Unterschiede.
3. Wie wichtig ist es, in welcher Zeit man Jugendlicher ist?
4. Was habt ihr bei diesem Spiel über euch selbst erfahren?

Wie wichtig es ist, lange zu leben?

Eintagsfliege oder Methusalem

Bildet zwei große oder vier kleinere Gruppen. Für die eine Hälfte gilt die erste Aufgabe, für die andere die zweite.

1. Stellt euch vor, wir Menschen würden nur einige Tage alt, vielleicht drei oder vier. In dieser Zeit machen wir - wie eine Eintagsfliege - unsere gesamte Entwicklung durch, reifen heran, wachsen, lernen, zeugen Kinder, werden älter und sterben. Alles andere um uns herum bliebe jedoch in der Geschwindigkeit, wie wir sie kennen.
   Versetzt euch in die Welt und stellt euch das Leben vor, das ihr in dieser Zeit führen würdet. Notiert, worin sich dieses Leben wesentlich von eurem bisherigen unterscheiden würde und begründet auch, ob es euch besser oder schlechter gefällt.
2. Stellt euch vor, wir Menschen würden 400 oder manchmal auch 600 Jahre alt. In dieser Zeit machen wir natürlich sehr langsam unsere gesamte Entwicklung durch, reifen heran, wachsen, lernen, zeugen Kinder, werden älter und sterben schließlich. Alles andere um uns herum bliebe jedoch in der Geschwindigkeit, wie wir sie kennen.
   Versetzt euch in die Welt und stellt euch das Leben vor, das ihr in dieser Zeit führen würdet. Notiert, worin sich dieses Leben wesentlich von eurem bisherigen unterscheiden würde und begründet auch, ob es euch besser oder schlechter gefällt.

Trefft euch als Vertreter beider Welten zu einem Umweltkongress, in dem entschieden werden soll, wie zukünftig mit den Wäldern eurer Region umgegangen werden soll. Versucht, zu einem begründeten Konsens zu gelangen. Benehmt euch während des Kongresses so, wie man es von jemandem mit eurer Lebensspanne erwarten darf.

1. Wie sehr beeinflusst es das Leben, wie alt man wird?
2. Wie ist die Idee von Epikur (341–271 v. Chr.) zu verstehen: „Lieber ein sehr glückliches kurzes Leben als ein langes unglückliches“? Stimmt ihr diesem Satz zu?
3. Stellt euch vor, wir würden 50.000 Jahre alt werden. Wie würde sich der Umgang mit der Natur vermutlich ändern?

Wie man Zeit sichtbar macht

Konstruktionsspiel Zeitmesser

1. Versucht einen Zeitmesser zu bauen, mit dem man herausfinden kann, wie viel Zeit innerhalb einer bestimmten Spanne vergeht. Ihr könnt dazu verschiedenste Materialien benutzen – z. B. Papier, Schere, Kleber, Pappbecher, Lineale, Kerzen und Streichhölzer, Wasser, Murmeln, Büroklammern, Stifte, Gläser, Flaschen, Knete, Eierschalen, Zahnstocher, Lupen, Sand, Draht, Holz und so weiter. Eurer Fantasie sind keine Grenzen gesetzt.

Überlegt in Ruhe, bevor ihr mit dem Konstruieren des Zeitmessers beginnt, überlegt euch auch eine oder mehrere Maßeinheiten, deren Bezeichnungen und deren Umrechnung für eure Zeit. Da ihr keine übliche Uhr zum Vergleichen benutzen dürft, könnt ihr nicht in Stunden, Minuten oder Sekunden zählen.

Probiert den Zeitmesser aus und stellt ihn anschließend euren Mitschülern vor, wenn er eurer Meinung nach zufriedenstellend läuft. Welcher Zeitmesser ist am genauesten und woran erkennt man das?

2. Eignet sich auch der Mensch selbst als ein „Zeitmesser“? Probiert es aus: Einer von euch schließt die Augen und ein anderer sagt „Los“ und stoppt die Zeit. Nach einer Weile – die ihr bestimmen dürft – sagt er „Stopp“ und der „Zeitmesser“ gibt die vergangene Zeit möglichst genau in Sekunden oder Minuten an. Versucht es mit verschiedenen Zeitdauern und unterschiedlichen Personen. Wer wird der beste „Zeitmesser“?

---

1. Woran erkennt man überhaupt, ob Zeit vergeht?
2. In diesem Zusammenhang: Ist Zeit ohne Raum möglich?
3. Inwiefern stimmt der Spruch „Zeit ist relativ“?
4. Wenn es keine Uhren und Zeitmesser gäbe: Gäbe es noch Sekunden und Minuten?
5. Begründet, ob es eine kleinste oder größte Zeiteinheit geben kann.

---

2 Was soll ich tun?

Noch ein Mitspieler:
Jeremy Bentham
(1748–1832)

2.1 Freiheit

Zur Einführung

Für den Begriff „Freiheit" gibt es keine einheitliche Bedeutung. Es wird zwischen „Negativer Freiheit" und „Positiver Freiheit" unterschieden. Von „Negativer Freiheit" wird gesprochen, wenn betont werden soll, dass das Subjekt keinen Zwängen unterworfen ist und demnach autonom handeln könnte. Die Abwesenheit von Zwängen kann sich auf äußere Faktoren, z. B. körperliche Beeinträchtigungen oder Normen und Regeln der Gesellschaft, beziehen, oder auf innere Faktoren, z. B. Neigungen oder Einstellungen. In Zusammenhängen, in denen die Möglichkeit entsprechend dem eigenen Willen zu handeln herausgestellt werden soll, wird auch der Begriff „Willensfreiheit" verwendet. Der Begriff der „Positiven Freiheit" stellt den Handlungsaspekt des Freiheitsbegriffs heraus. Gemeint ist hier, dass das Subjekt seine Möglichkeiten zum Handeln auch tatsächlich nutzt. Die Abwesenheit von Zwängen und die willentliche Entscheidung eines Subjekts ermöglicht es ihm, seiner Handlungsfreiheit zu entsprechen.

Darüber, wie frei Entscheidungen von Menschen sein können, gibt es in der Philosophie unterschiedliche Auffassungen. So spricht z. B. der **Behaviorist Burrhus Frederic Skinner** (1904–1990) dem Menschen den freien Willen weitgehend ab, indem er jegliches Entscheiden und Handeln für determiniert, d. h. bestimmt durch äußere Einflüsse, erklärt. Eine entgegengesetzte Auffassung vertritt der **Existentialist Jean-Paul Sartre** (1905–1980). Der Mensch kann nach seinem Verständnis nicht nur frei entscheiden, was er tut, er ist darüber hinaus zur Freiheit verurteilt. Leben bedeutet für Sartre sich entscheiden und positionieren. Erst durch seine Entscheidungen bringt der Mensch sich selbst hervor und wird ein einmaliges Selbst. Diese Grundaussage fasst Sartre in dem Satz „Die Existenz geht der Essenz voraus" zusammen. Nach **Immanuel Kant** (1724–1804) ist Freiheit nur durch Vernunft möglich. Durch seine Vernunft ist der Mensch in der Lage, das Gute und Gerechte zu erkennen und dementsprechend zu handeln. Moralisches Handeln und freies Handeln sind für Kant gleichbedeutend.

1. In welchem Verhältnis stehen Willensfreiheit und Handlungsfreiheit?
2. Kann es vollkommene Freiheit geben?
3. Unter welchen Bedingungen sind Einschränkungen der individuellen Freiheit geboten?
4. Ist unmoralisches Handeln Ausdruck von Unfreiheit?

Handlungsoptionen erkennen

Entscheidungssituationen

1. Bildet Gruppen mit 3–4 Schülerinnen und Schülern.
2. Schneidet die Entscheidungskarten aus, mischt sie und legt sie mit der Schrift nach unten vor euch hin.
3. Deckt nun nacheinander die Karten auf und diskutiert, welche Handlungsoptionen ihr in den Entscheidungssituationen seht.

Die Familie von Frank zieht nach Süddeutschland, weil der Vater dort eine Arbeit gefunden hat. Frank möchte am Ort bleiben.	Anne liebt Ole, aber Ole ist schon mit Julia zusammen.	Lucas will unbedingt Kapitän der Fußballmannschaft werden. Sein Trainer nimmt aber von ihm kaum Notiz.
Ole ist gehbehindert. Sein größter Traum ist es, eine Fahrradtour quer durch Deutschland zu machen.	Christian studiert Politik. Das Curriculum sieht ein Auslandssemester vor. Aber Christian ist junger Vater und will nicht weg.	Janet wünscht sich ein Pferd, aber weder sie noch ihre Eltern haben das Geld dafür.
Erik ist alkoholabhängig. Er hat schon eine Entziehungskur hinter sich und kann vom Alkohol nicht lassen.	Antje kann wegen schlechter Leistungen nicht versetzt werden. Auf keinen Fall will sie in eine andere Klasse kommen.	Sebastian will Leistungssportler werden. Der Sportarzt bescheinigt ihm, dass er dafür gesundheitlich zu instabil ist.
Sven hat gemeinsam mit seinem Bruder Karl ein Zimmer. Er möchte unbedingt ein eigenes Zimmer haben, aber die Wohnung ist zu klein.	Sarah trainiert Kick-Boxen. Ihre Eltern sind dagegen und verbieten es ihr.	Mareike hat starkes Übergewicht. Trotz mehrerer Diäten und viel Bewegung wird sie die Pfunde nicht los.

1. Wie frei in ihren Entscheidungen sind die Personen im Spiel?
2. Wie frei wart ihr bei euren Überlegungen?
3. Ist eine Situation denkbar, in der es keine „gute" Entscheidungsmöglichkeit gibt?
4. Welche Werte sind für die einzelnen Entscheidungsmöglichkeiten grundlegend?

Determination versus Offenheit

Der Begriff der Determination umschreibt ursprünglich die Bedingtheit von Abläufen als Zusammenhang von Ursache und Wirkung, z. B. betätigen wir den Lichtschalter und das Licht geht an oder wir stellen einen Wecker auf eine bestimmte Uhrzeit und der Wecker klingelt. Aber lässt sich dieser Zusammenhang auf alle Lebenssituationen übertragen?

Alles Zufall?

Spiel 1

Material: Würfelbecher, 3 Würfel

1. Bildet Gruppen mit 3–5 Spielern.
2. Würfelt abwechselnd. Versucht dabei die gewürfelten Zahlen vorherzusagen.

Spiel 2

Material: weißes Zeichenpapier, Strohhalm, flüssige Farben

1. Tragt einen dicken Klecks Wasserfarbe auf ein Blatt Papier auf.
2. Pustet mit dem Strohhalm die Farbe auf dem Papier vorsichtig in alle Richtungen
3. Überlegt gemeinsam, was das Klecksbild darstellen könnte.

Spiel 3

1. Eine Person wird bestimmt, die zu einem frei gewählten Zeitpunkt ein verabredetes Signal gibt.
2. Die anderen Personen bewegen sich frei im Raum.
3. Wenn das Signal erfolgt, nehmen alle eine beliebige Pose ein.
4. Wiederholt das Spiel mehrmals.

1. Welche Rolle spielte in den drei Spielen der Zufall?
2. Hätte es Möglichkeiten gegeben, die Spiele zu manipulieren?
3. Gibt es Situationen im Leben, die ähnlich wie diese Spiele ablaufen?
4. Welche Rolle spielt der Zufall in der Kunst?
5. Gedankenexperiment: Man stelle sich vor, jeder Mensch könnte für sein Leben einen Plan aufstellen und diesen Plan vollständig umsetzen. Wie würde sich das Leben gestalten? Wäre ein solches Leben wünschenswert?

Freiheit und Verantwortung

Das Theater der Unterdrückten

„Das Theater der Unterdrückten" wurde von dem brasilianischen Künstler **Augusto Boal** (1931–2009) entwickelt. Es handelt sich um eine Form des Mitmachtheaters, die Kunst, Selbsterfahrung und politisches Engagement miteinander verbindet. Im Mittelpunkt des szenischen Spiels steht eine Person, die unterdrückt wird. Diese Person nimmt eine für die Situation typische Pose ein. Die Mitspieler versuchen durch szenische Interaktion, den Unterdrückten aus seiner Situation zu befreien. Die Szene wird solange wiederholt, bis für alle eine befriedigende Lösung gefunden ist. Die Zuschauer können jederzeit eingreifen, indem ein Zuschauer einen Spieler ersetzt und eine Konfliktlösung im Spiel ausprobiert. Folgender Szenenablauf sollte dabei eingehalten werden:

1. Szenenauftakt: Die Ausgangssituation wird möglichst anschaulich dargestellt.
   - In welcher Situation befindet sich der Unterdrückte?
   - Welche weiteren Personen sind an der Situation beteiligt und welche Rolle spielen sie?
   - Welche weiteren (räumlich-zeitlichen) Umstände sind für das Verständnis der Situation wichtig?
2. Explorationsphase: Es werden verschiedene Handlungsmöglichkeiten durchgespielt.
   - Wie können die beteiligten Personen Kontakt zur unterdrückten Person aufnehmen?
   - Wie können sie ihr Handeln untereinander koordinieren?
   - Welche Hilfestellungen und Unterstützungen können die Personen von außen einholen?
3. Nach jedem Lösungsangebot erfolgt eine kurze Reflexionsphase, in der das Angebot geprüft wird und Verbesserungsvorschläge gemacht werden können.
4. Ergebnisphase: Die von allen als beste befundene Lösungsmöglichkeit wird zum Abschluss noch einmal vorgespielt und mit den Zuschauern diskutiert.

1. Wodurch entsteht Unterdrückung?
2. Wie frei und wie verantwortlich ist eine unterdrückte Person?
3. Wie frei und wie verantwortlich ist das Umfeld?
4. Welche Formen der Unterdrückung gibt es im Alltag?
5. Wie sähe eine Gesellschaft aus, in der es keine Formen der Unterdrückung mehr gibt?

2.2 Technik und Verantwortung

Zur Einführung

Für sein Handeln verantwortlich zu sein, bedeutet, die Folgen einer Tat abschätzen zu können und diese billigend oder absichtlich in Kauf zu nehmen. In der Betrachtung von Technik ermöglicht das Nachdenken über Verantwortung, Technik nicht nur als etwas Positives zu sehen, sondern deren Wirkung und Folgen kritisch abzuschätzen.

Max Weber (1864–1920) führte dazu den Begriff der Verantwortungsethik ein, die sich damit beschäftigt, wie Handlungen beurteilt werden können, die bestimmte absehbare Ergebnisse zur Folge haben. Grundlage dafür ist die Annahme, dass die untersuchten Handlungen kausal auf den Handelnden zurückzuführen sind – es also eine nachvollziehbare Ursache-Wirkung-Beziehung gibt. Die Technikethik ergänzt dies, indem sie Vorteile und Nutzen den Nachteilen und Gefahren von Technik gegenüberstellt. Sie fragt nach der Sicherheit der Ursache-Wirkung-Beziehung und prüft, ob Erfindungen wirklich nützlich sind, ob es gut ist, sie zu verwenden, welchen Schaden sie anrichten können und welche Alternativen es gibt. Wichtig ist in diesem Zusammenhang auch die Frage nach dem Missbrauch von Erfindungen – chemische Entwicklungen oder biologisch wirksame Medikamente können beispielsweise leicht als Waffen eingesetzt werden. Große Konzerne beschäftigen daher Philosophen, die sich um eine Risikofolgenabschätzung von neuen Entwicklungen zum Beispiel in den Bereichen Medizin, Umweltschutz, Waffentechnik, Energiegewinnung, Landwirtschaft, Ernährung etc. bemühen.

Der Philosoph **Hans Jonas** (1903–1993) stellte dazu den ökologischen Imperativ auf: „Handle so, dass die Wirkungen deiner Handlungen verträglich sind mit der Permanenz echten menschlichen Lebens auf Erden", **Arne Næss** (1912–2009) ergänzte diese Forderung um die Rücksicht auf alle Lebewesen und nicht nur den Menschen. Technik und Entwicklung muss nach diesen Forderungen also Rücksicht nehmen und geprüft werden, bevor sie eingesetzt werden darf.

1. Warum ist es unerlässlich für eine Verantwortungsethik, dass es eine Ursache-Wirkung-Beziehung gibt?
2. Klärt die Begrifflichkeiten „Permanenz" und „echtes menschliches Leben".
3. Warum soll man auf Pflanzen Rücksicht nehmen, wenn sie ohnehin nichts spüren können und daher auch nicht in der Lage sind zu leiden?

Verantwortung sichtbar machen

Der Kreis der Verantwortung

Material: zwei große Kreise auf dem Boden/Rasen; der innere mit rund drei Metern Durchmesser, der äußere zwei Meter größer, viele Mitspieler, ein aufmerksamer Spielleiter mit Stoppuhr und Trillerpfeife

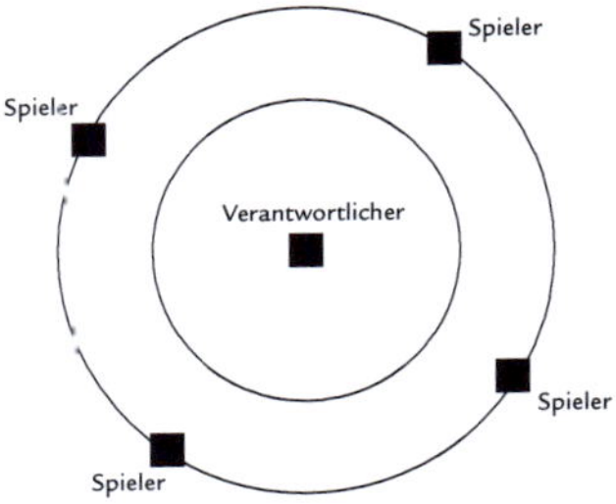

1. Das Spiel beginnt mit drei Spielern. Wählt davon einen „Verantwortlichen". Dieser Verantwortliche hat die Aufgabe, auf dem Fußboden sitzend, den inneren Kreis zu bewachen, den niemand betreten darf. Dazu guckt er sich einfach um - entdeckt er einen Spieler, der sich auf den Kreis zu bewegt, kann er ihn einfach „rausschmeißen". Die Spieler müssen sich also vorsichtig vom äußeren Kreis, an dessen Linie sie starten, in den inneren Kreis hinein bewegen, so dass sie der „Verantwortliche" nicht in der Bewegung bemerken kann.
2. Alle 30 Sekunden kommen nach einem Pfiff nun zwei weitere Spieler hinzu, die ebenfalls versuchen, in den Kreis zu gelangen. Auch diese beginnen an der Linie des äußeren Kreises.
3. Das Spiel endet, wenn ein Spieler es schafft, in den Kreis zu gelangen, ohne vom „Verantwortlichen" beim Bewegen dorthin bemerkt worden zu sein. Der Spielleiter notiert die Zeit, die der „Verantwortliche" erreicht hat.
4. Wechselt nun den „Verantwortlichen" aus und startet das Spiel erneut.
5. Vergleicht abschließend die erreichten Zeiten - welcher Spieler war am verantwortungsvollsten?

1. Ab wie vielen Mitspielern wurde das Spiel so unübersichtlich, dass der „Verantwortliche" keine Chance mehr hatte, seinen Kreis zu schützen?
2. Was lässt sich aus diesem Spiel lernen? Wodurch ist Verantwortung begrenzt?
3. Begründet, ob „Verantwortung" mit „Schuld" gleichzusetzen ist.
4. Was bedeutet der Spruch „Aus großer Macht erwächst große Verantwortung"?

Verantwortung in der Federtasche

Der ökologische Wettbewerb

1. Teilt die Klasse in gleich große Gruppen ein. Wenn ihr wollt, könnt ihr auch gegen eine andere Klasse in diesem Wettbewerb antreten. Wichtig ist nur, dass ihr gleich viele Schüler seid. Tretet nun in den folgenden drei Kategorien an:
2. *Schreibwerkzeuge:* Stellt fest, wie viele Bleistifte, Buntstifte, Filzstifte und Tintenkiller ihr in den jeweiligen Gruppen habt. Für jeden Bleistift und Buntstift bekommt ihr einen Punkt, für den Filzstift wird ein Punkt abgezogen, für Tintenkiller werden sogar zwei Minuspunkte angerechnet. Notiert die Punkte an der Tafel.
3. *Nahrungsverpackung:* Stellt fest, wie viele Pausenbrote (oder Essen allgemein) in Plastiktüten, Folie, Papier oder Dosen verpackt sind. Für jede Dose und jedes Papier gibt es in jeder Gruppe zwei Punkte, für Plastiktüten wird ein Punkt abgezogen und für Folie gibt es zwei Minuspunkte. Haltet die Punkte wieder an der Tafel fest.
4. *Schulweg:* Stellt fest, wie die Schüler in den Gruppen heute zur Schule gekommen sind. Für das Fahrradfahren oder den Fußweg gibt es zwei Punkte, für den Bus oder die Bahn gibt es einen Punkt und für die Fahrt mit dem Auto oder Moped werden zwei Punkte abgezogen. Notiert die Punkte erneut an der Tafel.

5. Rechnet nun den Punktestand der Gruppen aus und stellt fest, welche Gruppe sich in der Schule am ökologischsten verhält. Diese Gruppe gewinnt einen kleinen umweltfreundlichen Preis.

---

1. Informiert euch, warum es für bestimmte Dinge Punkte geben könnte, während für andere Punkte abgezogen werden. Welches Konzept könnte hinter dem Punktesystem stecken?
2. Ist das Spiel gerecht? Inwiefern habt ihr Verantwortung für die drei Kategorien?
3. Was könnt ihr in den drei genannten Bereichen tun, um umweltbewusster zu leben?

Das perfekte Ding

Erfinder

Viele technische Erfindungen verfolgen einen ganz bestimmten Zweck und sind darin auch ganz besonders gut (funktionstüchtig), während sie wiederum an Begleiterscheinungen leiden, die häufig in anderen Bereichen Schäden verursachen oder Gefahren bedeuten können. Taschenlampen sind zum Beispiel prima, um im Dunkeln zu leuchten, ihr Batterien oder Akkus sind aber sehr giftig und müssen ständig nachgeladen werden. Autos und Flugzeuge bringen einen schnell an jeden Ort, den man erreichen möchte, dafür belasten sie die Umwelt aber sehr mit ihren Abgasen und ihrem Lärm.

Versucht selber einen Gegenstand eurer Lebenswelt zu verbessern oder erfindet selber ein nützliches Gerät, das möglichst wenig Nachteile hat und so gut wie möglich ist. Zeichnet eure Erfindung erst einmal auf, konstruieren könnt ihr sie dann später vielleicht noch.

Stellt euch die Erfindungen anschließend vor und prüft kritisch, ob ihr nur Vorteile finden könnt. Stellt eure Idee aus und zeigt sie auch den Menschen und Firmen eurer Stadt.

1. Was bedeutet es, einen *verbesserten* Gegenstand zu haben? Kann Technik perfekt sein?
2. Warum kann Technik gut für einen Bereich und gleichzeitig schlecht für einen anderen sein? Was bedeutet das Wort „gut“?
3. Stellt euch vor, ihr könntet mit einem Knopfdruck alle Atom- und Kohlekraftwerke in Europa auf einmal abschalten. Diskutiert, ob ihr es tun würdet.

2.3 Freundschaft und Liebe

Zur Einführung

Von dem griechischen Philosophen **Aristoteles** (384 v. Chr.–322 v. Chr.) stammt der Ausspruch „Freundschaft ist eine Seele in zwei Körpern". Damit verweist er darauf, dass Freunde sich eng verbunden fühlen, weil grundlegende Gedanken, Gefühle und Werte übereinstimmen. Nur Menschen, die Tugenden wie Aufrichtigkeit, Selbstlosigkeit und Wohlwollen in sich vereinen, sind nach Aristoteles in der Lage, die Fähigkeit zur Freundschaft zu erlernen und zu praktizieren. Dabei bedarf die Freundschaft einer eigenen Sprache, indem Freunde einander ihre Freundschaft bekennen. Vor allem in schwierigen Lebenssituationen haben sich Freunde zu bewähren, indem sie Schmerz und Leid gemeinsam tragen. Der hohe Anspruch, der hier erhoben wird, lässt Aristoteles die Begriffe „Freundschaft" und „Liebe" synonym verwenden. In der Freundschaft und in der Liebe veredeln zwei Menschen einander wie auch sich selbst. Der exklusive Charakter einer solchen Beziehung ermöglicht es dem Einzelnen nur wenige Freunde/Geliebte zu haben. Im Gegensatz zu Aristoteles' moralischem Freundschaftsbegriff vertritt der antike Philosoph **Epikur** (341 v. Chr. –271 v. Chr.) eine hedonistische Vorstellung von Freundschaft. Für ihn ist der Ausgangspunkt von Freundschaft und Liebe vor allem Freude und Genuss. Im vertrauensvollen Umgang miteinander lernen sich Freunde schließlich auch um ihrer selbst willen lieben. Für Schmerz und Leid gibt es keinen Platz in der Freundschaft. Freunde tragen zu einem genussvollen und geselligen Leben bei und schützen den Einzelnen vor Gewalt und Unglück. Daher ist es für Epikur erstrebenswert, viele Freunde zu haben, mit denen man sich liebevoll verbunden weiß. Der Philosoph **Jean-Pierre Wils** (*1957) setzt sich mit den antiken Freundschaftsvorstellungen auseinander und schlussfolgert bezogen auf unsere Zeit, dass die Ansprüche der alten Griechen möglicherweise zu hoch sind, die unseren dagegen zu niedrig. Der inflationäre Gebrauch der Begriffe „Freundschaft" und „Liebe" wertet diese ab und hebt ihre ursprüngliche Bedeutung auf.

1. Welche grundsätzlichen Unterschiede und Gemeinsamkeiten sind in den Freundschaftsvorstellungen von Aristoteles und Epikur erkennbar?
2. Sind Freundschaft und Liebe tatsächlich synonyme Begriffe?
3. Welchen Stellenwert haben die Begriffe „Freundschaft" und „Liebe" in unserer Gesellschaft?
4. Wenn die Fähigkeit zur Freundschaft und Liebe gelernt werden muss, wie erlernt man sie?

Freundschaft braucht Vertrauen

Was mir in der Freundschaft besonders wichtig ist ...	Wovor ich mich fürchte ...	Wovon ich manchmal träume ...
Was mir mal passiert ist ...	Was ich niemals vergessen werde ...	Was ich dir immer schon mal sagen wollte ...
Was ich gern von dir wüsste ...	Was ich gern mit dir gemeinsam tun würde ...	Was ich an dir besonders mag ...
Worüber ich nicht so gern spreche ...	Was ich dir gern einmal zeigen würde ...	Was mir manchmal Bauchschmerzen bereitet ...

Freundschaftsparcours

1. Baut mit verschiedenen Gegenständen, z. B. Tischen, Stühlen, Reifen, Tunneln, einen Parcours mit neun Stationen. Dabei sollte jede Station ein Hindernis sein, das man besser zu zweit überwindet.
2. Diskutiert, welche neun Aussagen ihr in den Parcours einbeziehen wollt.
3. Schneidet die neun Kärtchen aus und ordnet sie jeweils einer Station zu.
4. Jeder Schüler/jede Schülerin bildet mit einer Person ihres Vertrauens ein Paar. Achtet dabei darauf, dass niemand ausgeschlossen bleibt. Sollte die Schülerzahl nicht durch zwei teilbar sein oder die Entscheidung für eine Person schwierig, können auch Dreiergruppen gebildet werden.
5. Die Paare beginnen nun, zeitlich gestaffelt den Parcours zurückzulegen. Immer wenn ein Hindernis überwunden wurde, tauschen sich die Partner über die entsprechende Vertrauensfrage aus.

1. Wofür können die Hindernisse im Freundschaftsparcours eine Metapher sein?
2. Wie entsteht Vertrauen?
3. Kann man mit einer Person befreundet sein, der man nicht vertraut?
4. Welche weiteren Eigenschaften sind in einer Freundschaft wichtig?

Proben für die Freundschaft

Standbild

1. Bildet Gruppen mit fünf bis sechs Schülerinnen und Schülern. Eine Person fungiert in jeder Runde als Regisseur.
2. Der Regisseur der ersten Gruppe wird aufgefordert, sich an eine Situation zu erinnern, in der es in einer Freundschaft zu Problemen oder Konflikten gekommen ist und diese Situation so genau wie möglich zu beschreiben. Dabei können die anderen Gruppenmitglieder z. B. durch folgende Nachfragen Unterstützung geben:
   - Wer war beteiligt?
   - Was war das Problem?
   - Wie hast du dich gefühlt?
   - Was hat deiner Meinung nach dein Freund/deine Freundin gedacht/gefühlt?
   - Was war in der Situation hilfreich, was eher hinderlich?
3. Der Regisseur stellt anschließend mit den anderen Gruppenmitgliedern die Situation möglichst genau im Standbild dar. Die Gruppenmitglieder übernehmen die Rollen der Personen der beschriebenen Situation. Der Regisseur gibt ihnen genaue Anweisungen, welche Haltung, welchen Gesichtsausdruck etc. sie einnehmen sollen. Die Gruppenmitglieder bemühen sich, die Regieanweisungen möglichst genau umzusetzen. Gesprochen wird dabei nicht.
4. Anschließend stellt sich der Regisseur hinter jede beteiligte Person, legt ihr die Hand auf die Schulter und sagt, was sie seiner Meinung nach gerade denkt. Die anderen Gruppen verfolgen das Geschehen.

Mögliche Abwandlung des Spiels: Die Gruppenmitglieder erzählen nacheinander eine problematische Freundschaftssituation und versuchen danach das Gemeinsame aller Situationen in einem Standbild darzustellen.

1. Müssen in einer Freundschaft alle Probleme und Konflikte gelöst werden können?
2. Gibt es „Klassiker“, die bei der Problem- und Konfliktlösung immer wieder auftreten?
3. Welche Strategien sind in Problemsituationen unter Freunden hilfreich?

Zwischen Freundschaft und Liebe

Die Beziehungshantel

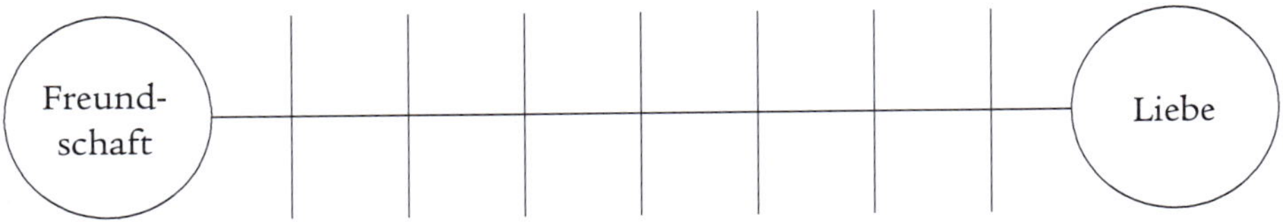

1. Überlegt zu zweit, wodurch sich Freundschaft und Liebe unterscheiden.
2. Notiert charakteristische Eigenschaften auf den senkrechten Linien, je nachdem für wie bedeutsam ihr sie für die eine oder die andere Beziehung haltet. Dabei können alle oder nur wenige Linien einbezogen werden.

Texttheater

1. Notiert ein Wort oder einen Satz, den ihr mit dem Gefühl „Liebe" (oder alternativ „Freundschaft") verbindet, auf ein kleines Stück Papier und stellt euch wie ein Chor auf.
2. Eine Person wird als Dirigent bestimmt.
3. Sie zeigt nun nacheinander auf Personen, die ihre Aussage vorlesen. Dabei kann der Dirigent Akzente setzen, indem er einzelne Personen mehrmals auffordert und die Reihenfolge der Textbeiträge bestimmt.
4. Die Chormitglieder können ihrerseits zur Interpretation beitragen, indem sie ihren Text laut oder leise, langsam oder schnell vortragen.
5. Der Dirigent kann mehrmals wechseln.
6. Tauscht euch über die Wirkung des Texttheaters aus.

1. Lassen sich „Freundschaft" und „Liebe" klar voneinander abgrenzen?
2. Wie ist das christliche Gebot zu verstehen „Du sollst deinen Nächsten lieben wie dich selbst."? Stimmt ihr dem zu?
3. Ist es erstrebenswert, dass alle Menschen miteinander befreundet sind oder sich lieben?

2.4 Gewissen

Zur Einführung

Der Begriff „Gewissen“ leitet sich vom lateinischen Wort „conscientia“ her und bedeutet „Mit-Wissen“. Gemeint ist damit eine innere moralische Instanz, die zum Wesen des Menschen gehört und darüber urteilt, ob eine Handlung moralisch geboten ist oder nicht. **Sokrates** (469 v. Chr.–399 v. Chr.) bezeichnet das Gewissen als „Daimonion“. Dabei handelt es sich um eine innere Stimme, die göttlichen Ursprungs und damit unfehlbar ist. Das Gewissen fungiert als eine Art Schutzgeist, der dem Menschen den rechten Weg weist. **Thomas von Aquin** (1225–1274) unterscheidet die Gewissensanlage des Menschen und den konkreten Gewissensakt. Beide Aspekte verschmelzen in der konkreten Beurteilung einer Situation. Dabei kann es zu einem Missverhältnis kommen, wenn der Mensch sich im Akt der Beurteilung wie auch in der konkreten Handlung gegen die ethisch-moralischen Grundsätze seines Gewissens entscheidet, was ein „schlechtes Gewissen“ zur Folge hat. **Immanuel Kant** (1724–1804) bezeichnet das Gewissen als „Gerichtshof in uns“. Nach seinem Verständnis ist der Mensch ein vernunftbegabtes Wesen und die Vernunft enthält ein grundlegendes Prinzip, das jeder Moral übergeordnet ist. Dieses Grundprinzip ist Grundlage des „Kategorischen Imperativ“, den er für absolut und für jedermann anwendbar hält. Der Leitgedanke des „Kategorischen Imperativ“ ist: „Handle nur nach derjenigen Maxime, durch die du zugleich wollen kannst, dass sie ein allgemeines Gesetz werde.“ Die Orientierung an diesem moralischen Gesetz wird auch als „gutes Gewissen“ umschrieben. **Niklas Luhmann** (1927–1998) begreift das Gewissen als Instanz der Identitätsbildung. Da die Möglichkeiten des Menschen, sich zur Welt zu verhalten, unendlich größer sind, als die der praktischen Umsetzung, muss er sich positionieren. In seinen Entscheidungen bringt der Mensch sein eigenes unverwechselbares Selbst hervor. Der Existentialist **Jean-Paul Sartre** (1905–1980) hebt den Handlungsaspekt von Gewissensentscheidungen hervor. Nach seinem Verständnis komme es darauf an, aus der Situation heraus zu entscheiden, was moralisch geboten ist.

1. Was ist das Gewissen? Welche Faktoren beeinflussen das Gewissen?
2. Kann es gute Gründe geben, sich gegen sein Gewissen zu entscheiden?
3. Was wäre, wenn man sich nicht gegen sein Gewissen entscheiden könnte?
4. Sichert ein Leben nach dem Kategorischen Imperativ ein gutes Gewissen?

Das Gewissen als innerer Gerichtshof

Gerichtsverhandlung

Versetzt euch in folgende Situation: Hannes weiß aus sicherer Quelle, dass sein bester Freund Merten seit einiger Zeit mit anderen Jugendlichen Fahrräder in großem Maßstab stiehlt und sie dann weiterverkauft. Bisher konnte die Bande von der Polizei nicht erwischt werden. Als Hannes Merten zur Rede stellt, antwortet dieser: „Das geht dich nichts an. Kümmere dich um deine eigenen Angelegenheiten! Und wehe dir, du verpetzt uns." Hannes macht sich viele Gedanken. Soll er den Eltern von Merten einen Tipp geben oder Merten dazu bringen, sich selbst bei der Polizei anzuzeigen? Irgendwie fühlt er sich für den Freund verantwortlich und auch an der ganzen Situation nicht unbeteiligt. Schließlich ist er ein Mitwisser. Möglicherweise macht er sich sogar strafbar, wenn er sein Wissen für sich behält. Was soll er nur machen?

1. Teilt euch in Gruppen so auf, dass jeweils eine Person den Vorsitzenden, den Ankläger und den Verteidiger spielt! Außerdem gibt es noch drei Schöffen. Alle sechs Personen stellen das Gewissen von Hannes dar.
2. Spielt die Gerichtsverhandlung, indem ihr Ankläger und Verteidiger zu Wort kommen lasst. Der Vorsitzende eröffnet, verliest die Anklage, erteilt das Wort. Der Ankläger untermauert die Anklage mit seinen Argumenten. Der Verteidiger bemüht sich, diese Argumente zu entkräften. Die Schöffen folgen der Gerichtsverhandlung und versuchen, sich ein Urteil zu bilden. An der Argumentation beteiligen sie sich nicht.
3. Zum Schluss treten Vorsitzender und Schöffen zusammen, beraten sich und formulieren das Urteil.
4. Das Urteil wird vom Vorsitzenden verkündet.
5. Tauscht euch über Verlauf und Ergebnisse der Gerichtsverhandlungen aus.

---

1. Wie entsteht ein schlechtes Gewissen und wie fühlt man sich dabei?
2. Ist Hannes' schlechtes Gewissen im Fallbeispiel berechtigt?
3. Kann man überhaupt unberechtigt ein schlechtes Gewissen haben?
4. Was ist eine Dilemmasituation? Gebt Beispiele!
5. Welchen Aspekt des Gewissens symbolisiert der Vorsitzende in der Gerichtsverhandlung?
6. Sind die Personen in der Gerichtsverhandlung als Metapher für das Gewissen vollständig?

Rund ums Gewissen

gewissenhaft	gewissenlos	Gewissensbisse
gutes Gewissen	Gewissens- entscheidung	Gewissensfreiheit
ein reines Gewissen	ins Gewissen reden	nach bestem Gewissen
schlechtes Gewissen	Gewissenskonflikt	etwas auf dem Gewissen haben

Gewissen im Netz

1. Bildet Gruppen mit maximal 5 Personen.
2. Erklärt reihum, in welchen Zusammenhängen die einzelnen Formulierungen verwendet werden.
3. Stellt mit Hilfe von Pfeilen Zusammenhänge zwischen den Begriffen her und klebt das entstandene **Begriffsnetz** auf einem Blatt Papier auf.
4. Präsentiert eure Ergebnisse im Plenum.

1. Was bedeuten folgende Sprüche:
   - Stanislaw Jerzy Lec (1909–1966):
     „Auch die Stimme des Gewissens macht einen Stimmbruch durch."
   - Senta Berger (* 1941):
     „Wenn das Gewissen ein Rotlicht ist, dann bemühen sich die meisten, noch schnell bei Gelb über die Ampel zu kommen."
   - Chinesisches Sprichwort:
     „Wer sein Gewissen dem Ehrgeiz opfert, verbrennt ein Bild, um die Asche zu bekommen."

Gesichter des Gewissens

Das Gewissen hinter der Maske

Material: Zeichenkarton, Filzstifte, Schere, farbiges Krepppapier, Gummiband

1. Überlegt, wie man die verschiedenen Ausdrucksformen des Gewissens, z. B. „schlechtes Gewissen“, „Gewissensbisse“, „Gewissenlosigkeit“, „Gewissenskonflikt“ in einer Maske ausdrücken kann. Fertigt dazu Skizzen an.
2. Bastelt mit den angegeben Materialien Masken und überlegt euch dazu eine kleine Geschichte.
3. Studiert zu eurer Geschichte ein kleines szenisches Spiel ein und
4. führt es mit den Masken auf.

Ein Fall für das Gewissen

1. Sucht aus Zeitschriften Schlagzeilen heraus, die eurer Meinung nach ein Fall für das Gewissen sind, z. B. „NPD missbraucht im Wahlkampf Steuergelder“, „Lybien bleibt ein Pulverfass“, (Ostseezeitung vom 24.08.2011).
2. Inszeniert mit euren Texten eine Klagemauer, indem ihr eure Texte auf Schuhkartons klebt und mit den Kartons eine Mauer baut.
3. Die Inszenierung könnt ihr mit einer Musik untermalen und als Performance aufführen.

Wenn das Gewissen siegt ...

1. Überlegt euch, welche Gewissensentscheidungen für eine bessere Welt sinnvoll wären, z. B. „Schluss mit der Massentierhaltung“, „Mehr Geld für Bildung“ und schreibt eure Texte auf einzelne Karteikarten.
2. Führt mit den Aussprüchen ein Texttheater auf, indem ihr die Texte wirkungsvoll kombiniert vortragt. Eine Person übernimmt dabei die Regie.

1. Kann man das Gewissen sehen?
2. Kann sich das Gewissen verbergen?
3. Wo begegnen wir dem Gewissen im Alltag?
4. Wie kann man an das Gewissen appellieren?
5. Ist jede gute Entscheidung eine Gewissensentscheidung?
6. Was wäre, wenn Menschen kein Gewissen hätten?
7. Haben auch Tiere ein Gewissen?

2.5 Vertrauen

Zur Einführung

Neben der Hoffnung ist auch das Vertrauen ein auf die Zukunft ausgerichtetes Phänomen des menschlichen Lebens, das - anders als bei einer Befürchtung - davon ausgeht, dass das erwartete Ergebnis einer Handlung oder ein Ereignis positiv ausfallen wird. Während beim Hoffen auch die Möglichkeit einkalkuliert wird, dass sich das zukünftige Geschehen negativ auswirken könnte, ist das Vertrauen rein optimistisch.

Umstritten ist bis heute, wie der Mensch Vertrauen in Sachverhalte, Personen oder Gegenstände erwirbt: Wahrscheinlich ist, dass in den ersten Lebensmonaten ein Urvertrauen erlernt wird, indem das Baby erfährt, dass seine Umwelt ihm Gutes will. Der Biosoziologe **Dieter Claessens** (1921-1997) betont, dass ein Fehlen solcher Erlebnisse im späteren Verlauf des Lebens nicht mehr ausgeglichen werden kann - der Mensch erwirbt ein Urmisstrauen und es wird ihm schwerer fallen, Vertrauen in bestimmte Dinge aufzubauen.

Der Philosoph **Niklas Luhmann** (1927-1998) hält Vertrauen für eine riskante soziale Vorleistung, mit der menschliche Interaktionen vereinfacht werden: Da man zum Beispiel nicht immer sicher weiß, welche Versicherung die beste oder welche Bahnverbindung die günstigste ist, spart man Zeit und Aufwand, wenn man einfach jemandem vertraut, der dieses Wissen hat - oder von dem man annimmt, dass er es hat. Mit Vertrauen geht faktisch immer die Gefahr einher, enttäuscht zu werden.

Für das menschliche Zusammenleben ist Vertrauen eine grundsätzliche Notwendigkeit, die viele Beziehungen und eine Gesellschaft erst ermöglicht: Würden Menschen einander nicht vertrauen, wären alle Handlungen, die ein erwartetes Ereignis zum Ziel haben unmöglich: Es gäbe folglich beispielsweise keinen Handel, keine Schule, keine Industrie oder Landwirtschaft und kein familiäres Zusammenleben.

1. Ist *Misstrauen* das einzige Gegenteil von *Vertrauen?* Erstellt eine Begriffswolke (Cluster).
2. Warum wären Handel, Schule, Industrie oder Landwirtschaft und familiäres Zusammenleben ohne Vertrauen nicht möglich? Was wird jeweils erwartet?
3. Auf was oder in wen kann man Vertrauen setzen? Erstellt eine möglichst vollständige Liste.

WENN MAN NICHT WEISS, WAS DER ANDERE MACHT

Das Spickerdilemma

Gedankenspiel für zwei Personen:
Ihr habt eine Klassenarbeit in Geografie geschrieben, bei der ihr zusammen gespickt und betrogen habt. Eurer Lehrerin fällt auf, dass die Ergebnisse beider Arbeiten haargenau die gleichen sind: Die richtigen wie auch die falschen. Sie hält dies nicht für einen Zufall, kann es aber nur zum Teil beweisen. Sie bittet euch einzeln zum Gespräch und schlägt vor: „Wenn du gestehst, dass ihr beide betrogen habt, dann bekommst du keine Strafe und dein Banknachbar eine schwere. Wenn du aber schweigst und er gesteht, dann bekommt er keine und du die schwere Strafe. Wenn ihr beide gesteht, habe ich euch überführt und ihr bekommt beide die schwere Strafe. Wenn ihr beide schweigt, gebe ich euch beiden eine milde Strafe, weil die Arbeiten erkennen lassen, dass ihr voneinander abgeschrieben habt." In der Übersicht sieht der Vorschlag so aus:

	Schüler A schweigt	Schüler A gesteht
Schüler B schweigt	milde Strafe für beide	keine Strafe für A, schwere Strafe für B
Schüler B gesteht	keine Strafe für B, schwere Strafe für A	schwere Strafe für beide

Euer Ziel ist es, eine **so geringe Strafe wie möglich** zu erhalten. Ihr dürft jedoch nicht miteinander sprechen und müsst euch sofort entscheiden. Notiert eure Entscheidung unabhängig voneinander. Lüftet dann das Geheimnis.

1. Begründet, ob es einen Unterschied macht, ob man das Spiel mehrfach nacheinander spielt oder nicht.
2. Wie müsste man das Spiel/die Spielregeln ändern, damit es anders ausgeht?
3. Welchen Menschen vertraut man in der Regel und wodurch ist das vermutlich begründet?
4. Was ist problematisch an dem Sprichwort „Trau – schau wem!"?

„Vertrag“ kommt von „vertragen“

Mensch ärgere dich wirklich nicht

Brettspiel für vier Personen:

1. Nehmt ein typisches Mensch-ärgere-dich-nicht-Spiel zur Hand und stellt die Figuren ganz normal auf. Das Spielziel ist es weiterhin, zuerst die vier Figuren im Haus zu haben, die Regeln sind aber etwas verändert. So muss man einen Spieler nicht rauswerfen, wenn man auf dem gleichen Feld wie er landet, darf es aber, wenn man es will. Ebenso ist es möglich den Würfelwurf einem anderen Spieler zu schenken und in der Zeit auszusetzen. Hinzu kommen Geheimverträge.

2. Trefft euch vor dem Beginn des Spiels einzeln mit jedem der anderen Mitspieler, um jeweils einen möglichen Vertrag auszuhandeln. Zum Beispiel könntet ihr ausmachen, dass ihr euch regelmäßig die Würfel gegenseitig schenkt, wenn ihr knapp vor dem Haus seid oder verfolgt werdet. Auch könnt ihr einen Nichtangriffspakt vereinbaren oder euch gegen einen der anderen Spieler verbünden. Denkt aber daran, dass nur einer das Spiel gewinnen kann ...

Spielt das Spiel mit den beiden veränderten Regeln und euren Geheimverträgen. Beachtet, dass es für die Nichteinhaltung der Geheimverträge **keine** Vertragsstrafe gibt.

1. Begründet auch diesmal, ob es einen Unterschied macht, ob man das Spiel mehrfach nacheinander spielt oder nicht.
2. Wenn man sich nicht an einen Vertrag hält, wird man zumeist bestraft. Warum ist das so?
3. Was sagt das Verhalten eurer Mitspieler über ihre Persönlichkeit im wirklichen Leben aus? Sind diese Rückschlüsse aus dem Spiel erlaubt und sinnvoll?

Sich fallen lassen

Fernsteuerung

Für dieses sportliche Spiel braucht ihr ein wenig Platz, einige Hindernisse und nach Möglichkeit einen nicht zu harten Untergrund, um Unfällen vorzubeugen. Findet euch immer zu zweit zusammen und übt euch erst einmal im Vertrauen:

Vorübungen:

1. *Fallenlassen:* Beide Partner stehen direkt hintereinander. Der vordere geht einen halben Schritt (oder auch weiter – das hängt von der Kraft des hinteren ab) nach vorn und schließt die Augen. Dann lässt er sich einfach fallen und der Partner fängt ihn sanft an den Schultern auf. Es folgt mehrfach ein Positionstausch.
2. *Schwarzsehen:* Es wird ein Feld mit einigen Hindernisse benötigt – Bänke, Hocker, Sträucher, Schultaschen o.ä. sind dafür gut geeignet. Wieder stehen beide Partner hintereinander. Der vordere verbindet sich die Augen, so dass er (wirklich) nichts sieht und wird nun vom hinteren an den Schultern mit leichtem Druck nach links oder rechts gelenkt, um an den Hindernissen vorbei auf die andere Seite des Feldes zu kommen. Versucht nach mehrfachem Tausch der Positionen die Geschwindigkeit der Feldüberquerung zu erhöhen.

Spiel:

1. Das Feld aus der zweiten Vorübung wird verändert und vielleicht auch im Schwierigkeitsgrad erhöht. Zudem wird ein Schiedsrichter mit Stoppuhr benötigt.
2. Die Partner treten erneut zusammen an. Einer von ihnen hat die Augen verbunden und wird nur durch Zurufe seines Partners ferngesteuert versuchen, so schnell wie möglich auf die andere Seite des Feldes zu kommen. Der Schiedsrichter misst die Zeit und sagt, welche drei Teams die schnellsten waren. Für diese winkt ein „Preis des Vertrauens".

1. Wie habt ihr euch bei dem Spiel auf der *blinden* und der *sehenden* Seite gefühlt? Ist Vertrauen ein Gefühl (intuitiv) oder eher ein Konzept (rational)?
2. Was lässt sich aus dem Spiel für die Wirklichkeit ableiten? Ist Vertrauen ein Erfolgsrezept? Wenn ja – wofür?

2.6 Gerechtigkeit

Zur Einführung

„Das ist aber ungerecht!" oder „Das ist nicht fair!" hat wohl jeder schon mal gesagt. Dennoch ist es gar nicht so einfach, den Begriff der Gerechtigkeit zu bestimmen. Im Allgemeinen bezeichnet er ein ausgewogenes Verhältnis der Verteilung von Gütern und Chancen zwischen Menschen oder Menschengruppen (Verteilungsgerechtigkeit), wird aber in Spezialfällen auf sehr unterschiedliche Bereiche hin noch genauer definiert; so gibt es zum Beispiel die Tauschgerechtigkeit (ökonomisch), die Umweltgerechtigkeit (ökologisch), die Verfahrensgerechtigkeit (juristisch) oder natürlich die Gleichberechtigung zwischen Mann und Frau (sozial, juristisch). Unklar ist bei all diesen Bestimmungen, was denn nun „ausgewogen" bedeutet. Heißt es etwa, dass alle gleich viel bekommen, wie es die Vertreter des **Egalitarismus** fordern? Oder bekommt jeder seinen Bedürfnissen entsprechend mehr oder weniger als andere? Vielleicht ist „gerecht" ja auch das, was man per Zufall erhält oder sich durch Leistung verdient.

Für die Philosophen der Antike war Gerechtigkeit eine Kardinaltugend des guten Herrschers. **Platon** (428–348 v. Chr.) und **Aristoteles** (384–322 v. Chr.) waren davon überzeugt, dass sie zum gelingenden, guten Leben dazugehöre und ein wesentlicher Bestandteil der Seele und des Staates sei. In der Neuzeit zeigten insbesondere **Thomas Hobbes** (1588–1679), **John Locke** (1632–1704) und **Jean-Jacques Rousseau** (1712–1778) auf, dass sich Menschen innerhalb einer Gesellschaft über einen Vertrag auf ein Konzept von Gerechtigkeit einigen müssen. An diese Vereinbarung (Gesetz) müssen sich dann alle – ob Herrscher oder Beherrschte – halten. Einen Vorschlag, was hier „gerecht" heißen könnte, unterbreiteten **Jeremy Bentham** (1748–1832) und **John Stuart Mill** (1806–1873) mit dem **Utilitarismus**, der das als gerecht ansieht, was den größten Nutzen für die Gemeinschaft bringt. **John Rawls** (1921–2002) begründete, dass für die Umsetzung von gerechter Verteilung erst einmal bestimmte Grundrechte gelten müssten, damit alle die Möglichkeit haben, über eine Verteilung nachzudenken und zu entscheiden.

1. Welche unterschiedlichen Formen von Gerechtigkeit nennt der Text und welche weiteren fallen euch ein?
2. Überlegt, ob der Begriff der Gerechtigkeit von der Zeit/Kultur abhängt, in der man lebt.
3. Gibt es ein Gerechtigkeitsempfinden? Woher weiß man, was gerecht ist?

Knappe Ressourcen werden immer mehr

Das Kugelschreiberspiel

Teilnehmerzahl: Das Spiel ist ab zwei Spielern möglich, es können aber auch bis zu zwanzig Personen teilnehmen, die sich dann in Gruppen aufteilen.

Material: Notwendig ist nur ein Kugelschreiber (oder ein ähnliches Schreibgerät, welches zerlegt werden kann) und ein Blatt Papier.

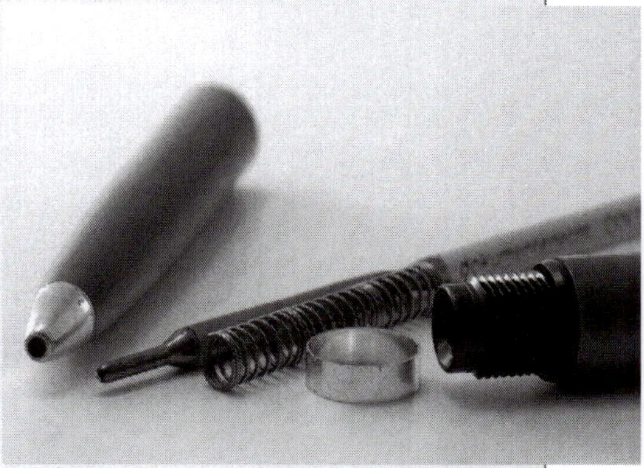

Spielverlauf: Der Stift wird auseinandergebaut und die Einzelteile - üblicherweise eine Mine, eine Feder, ein vorderer und ein hinterer Teil des Stiftes - werden an zwei oder mehr Gruppen verteilt, die die Aufgabe erhalten, das Wort „Macht" auf das Blatt Papier zu schreiben - und zwar nur mit dem wieder zusammengesetzten, vollständigen Originalstift. Das Spiel ist beendet, wenn es einer Gruppe (oder vielleicht auch mehreren) gelungen ist, das Wort zu notieren. Diese sind die Gewinner des Spiels.

Hinweis und Warnung: Die Mittel, um an den Stift zu gelangen sind euch **völlig** frei gestellt. Bitte achtet aber darauf, dass niemand dabei verletzt wird.

1. Inwiefern geht es in diesem Spiel um Gerechtigkeit?
2. Wie kann man das Spiel gerecht beenden - also eine Lösung für die Interessenkonflikte der Gruppen finden?
3. Was lässt sich aus dem Spiel für die Wirklichkeit ableiten? Und umgekehrt: Welche Mechanismen der Wirklichkeiten habt ihr in eurem Spiel entdecken können?
4. Informiert euch über die Verteilung knapper Ressourcen wie beispielsweise Trinkwasser, Erdöl oder Phosphor. Sind diese gerecht verteilt? Und was hieße das in diesem Fall?

Positive Diskriminierung

Als *positive Diskriminierung* oder *affirmatives Verhalten* werden Bevorzugungen einer bestimmten unterrepräsentierten Gruppe bezeichnet, die zu deren Nachteilsausgleich, Förderung und Schutz gedacht sind.

X-Quote

Für dieses sportliche Spiel werden gleich viele Spieler benötigt. Zudem braucht ihr ein Seil zum Tauziehen, jeder einen Zettel, ein Lineal, einen Radiergummi und ein wenig Platz zum Laufen.

1. *Verteilungsrunde:* Schreibt auf die Hälfte der Zettel ein X und auf die andere Hälfte ein Y. Legt die Zettel verdeckt aus und lasst jeden von euch einen Zettel ziehen, sodass nun jeder zur Gruppe der X oder zur Gruppe der Y gehört.
2. *Tauziehen:* Legt eine Markierung fest, auf der die Mitte des Seils liegt und über das der erste der gegnerischen Gruppe gezogen werden muss. Beachtet nun die X-Quote: Die X-Gruppe steht mindestens einen Meter weiter von der Markierung weg als die Y-Gruppe; ändert den Aufbau also. Verteilt euch nun am Seil auf euren Seiten und beginnt mit dem Tauziehen. Die Gewinner bekommen keine Hausaufgaben auf.
3. *Radiergummiwettlauf:* Legt eine Strecke fest, die es zu überqueren gilt. Stellt euch nun auf der einen Seite auf und legt euren Radiergummi auf das Lineal. Beachtet dabei die X-Quote: Die Mitglieder der X-Gruppe dürfen den Radiergummi auf dem Lineal platzieren, wo sie wollen; die Y-Mitglieder müssen ihn an das vorderste Ende (Kante an Kante) legen. Nun beginnt der Wettlauf auf die andere Seite. Wer seinen Radiergummi verliert, muss noch einmal von vorn beginnen.

---

1. Diskutiert, ob affirmatives Verhalten ein gerechtes Prinzip ist. Bedenkt dabei, dass es Ziel der positiven Diskriminierung ist, einer benachteiligten Gruppe zu helfen.
2. Sucht Beispiele für affirmatives Verhalten in der Wirklichkeit und überlegt, ob und wem damit geholfen wird.
3. Überlegt, ob die Notenvergabe aus dem Sportunterricht – die sich nach dem Geschlecht unterscheidet – auch in anderen Fächern gelten sollte.

Vor Gericht

Robin Hood vor Gericht

Stellt euch vor: Gerechtigkeitsaktivisten, die sich „Modern Robin Hood" nennen, haben einem großen Modelabel mehrere Millionen Euro gestohlen, indem sie sich in die elektronischen Bankkonten der Firma gehackt haben. Dabei haben sie nicht bedacht, dass jeder im Internet Spuren hinterlässt und sind einige Tage später von Interpol identifiziert und festgenommen worden. Vom Geld finden die Ermittler keinen Cent. Zum Gerichtstermin warten die jungen Menschen mit einer Überraschung auf: Die gesamte Summe haben sie den Arbeiterinnen des Modehauses geschenkt, die in 14-Stunden-Schichten sieben Tage in der Woche für 240 Euro im Monat in Asien arbeiten. Sie wollten so zu einer gerechteren Welt beitragen, sagen die Aktivisten von „Modern Robin Hood".

Rollenspiel:
Spielt die Gerichtsverhandlung dieses Falles vor.
Dazu benötigt ihr mindestens:

- einen Richter
- Staatsanwälte (Ankläger)
- Anwälte (Verteidiger)
- die Angeklagten der „Modern Robin Hood"-Gruppe
- Zeugen aus der Modefirma, aus Asien, von Interpol etc.
- Gerichtsdiener, Gerichtsreporter usw.

Überlegt euch vor der Verhandlung in euren Rollen eine Strategie der Anklage oder Verteidigung. Spielt die Gerichtsverhandlung anschließend durch und kommt zu einem begründeten Urteil. Die Gerichtsreporter fassen das Ergebnis zusammen.

1. Ist gerecht, was auch erlaubt ist? Worin besteht der Unterschied?
2. Warum gelten Robin Hood und Klaus Störtebeker als Helden, während die Piraten vor Somalia von internationalen Kriegsschiffen gejagt werden?
3. Soll man selber gerecht handeln, wenn es die anderen nicht tun? Erläutert eure Antwort an einem Beispiel aus eurem Alltag.

3 Was darf ich hoffen?

Und noch ein Mitspieler:

Epikur

(341–270 v. Chr.)

3.1 Utopien/bessere Schule

ZUR EINFÜHRUNG

Neben den Entwürfen der Politischen Philosophie für eine bessere Gesellschaft, mehr Gerechtigkeit und eine angemessenere Verteilung von Gütern, gibt es eine weitere Form der Überlegung über eine bessere Welt: In Utopien wird eine solche sehr plastisch in einen Roman eingebettet und einfach erzählt. Die Protagonisten der Geschichten stammen häufig aus unseren Ländern oder unserer Zeit und landen zumeist mit einem Schiff auf einer fremden Insel, auf der die bessere Gesellschaft, die höhere Bildung, die erfolgreichere Medizin, die nachhaltigere Umweltpolitik und vieles mehr bestaunt werden kann.

Unklar ist bis heute die genaue Begriffsbestimmung des Wortes „Utopie", das **Thomas Morus** (1478–1535) 1516 für seinen Roman „Utopia" verwandte und es somit zum Begriff für ein ganzes Genre werden ließ: „Utopie" kann sowohl „schöner Ort" (vom Griechischen „eu-tópos") als auch „kein Ort" (vom Griechischen „ou-tópos") heißen. In beidem Sinne sind die meisten utopischen Entwürfe aufzufassen – sie sind bessere Orte, aber es gibt sie auch nicht, oder zumindest nur in einem Buch. Darüber, ob Utopien tatsächlich eine bessere – und vor allem funktionierende – Gesellschaftsordnung entwerfen, wird in der Wissenschaft häufig gestritten. Ebenso denkbar ist es nämlich auch, dass die Entwürfe lediglich eine Kritik am Zustand des eigenen Landes oder am Verhalten der Mitmenschen ausdrücken soll. Indizien dafür sind besonders Übertreibungen und Wortspiele: Der Erzähler von Thomas Morus' Werk heißt zum Beispiel Hythlodeus, was auf Griechisch „Lügner" oder „Possenreißer" heißt, und in **Francis Bacons** (1561–1626) „New Atlantis" gibt es bereits U-Boote und Flugzeuge, aber auch Lebenselixiere und ein Perpetuum mobile – Dinge die zur Entstehungszeit 1627 unglaublich erscheinen müssen. Die bekannteste Darstellung der Übertreibung der besseren Welt ist das „Schlaraffenland", in dem die Tauben bereits gebraten durch die Luft fliegen, die Kleider auf den Bäumen wachsen und jeder König werden kann, der dumm und faul genug ist.

1. Welche Bedeutungen kann „utopisch" zu den im Text genannten noch haben?
2. Warum ist es überhaupt sinnvoll Utopien zu schreiben? Was könnte damit verfolgt werden, eine fantastische Insel im Nirgendwo zu entwerfen?

Zeig mir, wie ich bin

Die Saturnalien waren römische Festtage zu Ehren des Gottes Saturn, an denen die gesellschaftlichen Rollen und Stände aufgehoben waren und oft auch verkehrt wurden: An diesen Tagen bediente beispielsweise der Herr die Sklaven.

Schulische Saturnalien

Im Unterricht werden einfach mal die Rollen getauscht: Lehrer werden zu Schülern und Schüler werden zu Lehrern. Wenn ihr wollt, tauscht auch noch Jungen- gegen Mädchenrollen, das Verhalten der Schüchternen gegen das der Lauten oder einfach die Plätze im Klassenraum.

Nun folgt der Unterricht: Ein Schüler gibt in seiner Rolle als Lehrer oder Lehrerin 15 Minuten *Unterricht, wie er sein sollte*. Das bedeutet ein wenig Vorbereitung: Zum einen muss der Lehrende sich überlegen, wie Unterricht *sein sollte* und dann ja auch noch für den Inhalt, die Methoden, die Ziele und Aufgaben sorgen. Nehmt euch also ein wenig Zeit dafür.

Euer Lehrer bereitet sich in der Zeit auf seine Rolle vor: Er spielt einen *Schüler, wie er sein sollte*. Auch dazu gehört einige Planung.

Spielt die schulischen Saturnalien dreimal nacheinander mit jeweils einem anderen Lehrer oder einer anderen Lehrerin durch.

---

1. Wie habt ihr euch in euren Rollen gefühlt? Wie schwer war es, jemand anderes zu sein?
2. Was hat euch am Unterricht besser als sonst gefallen und welche Tipps würdet ihr den drei Lehrenden geben?
3. Was kann man aus eurem Rollenspiel für den künftigen Unterricht ableiten? Stellt eine Liste mit Ergebnissen auf.
4. Was habt ihr über euch selbst gelernt, als ihr jemanden gesehen habt, der euch spielt?

Der Schule einen Raum geben

Architektenwettbewerb

Konstruktionsspiel für Gruppen oder Einzelne:

Stellt euch vor, eure Schule schreibt einen Architektenwettbewerb aus. Ziel ist es, das perfekte Schulgebäude zu entwerfen.

Überlegt, was alles zu einem solchen Bau benötigt wird, welche Räume, Gebäude, Plätze oder Flächen ihr benötigt und in welchem Größenverhältnis diese zueinander stehen sollen. Recherchiert auch Zahlen und Fakten eurer Schule.

Baut anschließend euer Modell; gebt dabei die Möglichkeit, von oben in euer Schulhaus hineinsehen zu können. Stellt euer Modell vor, indem ihr einen „Rundgang" durch euer Schulhaus veranstaltet und dessen Vorzüge erklärt.

Wählt in einer geheimen Abstimmung die Favoriten eures Wettbewerbes und präsentiert die Ergebnisse und Modelle auch der Schulleitung und vielleicht sogar der Öffentlichkeit.

Zum Basteln könnt ihr zum Beispiel folgende Materialien verwenden:

- Bausteine aus Kunststoff oder Holz
- dünne Bretter, Sperrholzplatten, Schaumstoff, Styropor, Pappe
- Steine, Sand, Holz, Blätter, Wolle, Gras oder andere Naturmaterialien
- Plastikfolien, farbiges Papier, ausgedruckte Motive, Stanzelemente
- Moosgummi, Buntpapier, Klebefolien, Pergamentpapier
- Kartons, Pappkisten, Schachteln, Blumentöpfe, Pappbecher
- Streichhölzer (ohne Kopf), Eisstiele, Zahnstocher, Holzreste aller Art
- Schere, kleine Nägel, Hammer, Klebe, Klebestreifen, Tacker, Stifte, Pinsel, Farben
- mit großer Vorsicht und Hilfe: Cuttermesser und Säge etc.

1. Was macht das Siegergebäude zum favorisierten Modell einer *besseren* Schule?
2. Welche Kriterien habt ihr für „besser" angesetzt? Wie sind diese gerechtfertigt?
3. Könnte man einige eurer Vorschläge in die Tat umsetzen? Diskutiert, welche dies sind.
4. Inwiefern kann man an einem Modell etwas über die Wirklichkeit lernen?

Der Utopie auf der Spur

Spurensuche

Erkundungsspiel

Rüstet mehrere Gruppen als philosophisch-archäologische Forschungsteams aus. Dazu benötigt ihr für jedes Team: eine Stadtkarte oder eine Übersicht eures Viertels, einen Fotoapparat, Messgeräte, Papier und Schreibgeräte, wetterfeste Verpflegung, Proviant und vielleicht einen erfahrenen einheimischen Fremdenführer.

Überlegt, wie Utopien Spuren hinterlassen könnten und notiert einschlägige Orte, an denen ihr forschen werdet. Geht nun in verschiedenen Gruppen auf die Suche nach Spuren von utopischem Denken in eurem Ort. Versucht Hinweise darauf zu finden, dass in eurer Stadt jemand versucht hat, die Welt zu verbessern und dokumentiert die von euch entdeckten Zeichen, indem ihr sie notiert, fotografiert, abzeichnet, vermesst etc. Teilt euch in der Gruppe die Aufgaben; einige Forscher können vielleicht besser schreiben, während andere besser fotografieren oder sich gut im Ort auskennen.

Trefft euch anschließend zur Auswertung eurer Fundstücke. Interpretiert die entdeckten Indizien und Spuren und recherchiert ergänzend in der Bibliothek und im Internet. Notiert eure Forschungsergebnisse und präsentiert sie den anderen Forschergruppen. Plant zusammen eine Ausstellung mit dem Titel „Der Utopie auf der Spur“.

Die folgenden Orte lohnen sich fast immer – aber in der Forschung kann man nichts versprechen:

- Skulpturen und Denkmäler
- Friedhöfe, Kirchen und Tempel
- Bilder und Inschriften an Häusern
- Schlösser, Parkanlagen, Burgen, Tore und Stadtmauern
- Wohnhäuser berühmter Menschen, Museen und Galerien
- Schulgebäude, Universitäten und Akademien

1. Welche Ergebnisse eures Forschungsspiels haben euch besonders überrascht?
2. Was sagen die gefundenen Spuren über eure Stadt und über Utopien aus?
3. Fände man in anderen Städten ähnliche Ergebnisse? Begründet eure Vermutungen.

3.2 Ursprungsvorstellungen

ZUR EINFÜHRUNG

Wie ist die Welt entstanden? Auf der Suche nach möglichen Antworten haben sich Menschen lange vor Beginn unserer Zeitrechnung an mythischen Denkweisen orientiert. Ein Mythos ist ein Ordnungssystem, das Ausdruck einer Deutung ist und in Form von Erzählungen mit Symbolcharakter weitergegeben wird. Einer der ältesten Weltentstehungsmythen stammt von dem griechischen Dichter Homer, der im 8. Jahrhundert v. Chr. gelebt hat. **Homer** sieht den Ursprung allen Seins im Wasser und bei den menschenähnlichen Meeresgöttern Okeanos und Tethys. Nach Homer haben sich drei Natur-Philosophen mit diesem Thema beschäftigt, die, weil sie vor Sokrates gelebt haben, auch als „Vorsokratiker" bezeichnet werden. **Thales von Milet** (ca. 400 v. Chr.) bezeichnete wie Homer das Wasser als Ursprung allen Lebens. Die Welt stellt er sich vor als kreisförmige Scheibe, von Wasser umgeben und vom Himmel mit den Sternen überwölbt. **Anaximander** (ca. 600 v. Chr.) kommt zu der Erkenntnis, dass die Erde frei im Raum schwebt und von der Unendlichkeit, dem „Apeiron", umgeben ist. Die Unendlichkeit ist für ihn göttlicher Natur. Dieses Göttliche bewirkt Gegensätze, aus denen alles hervorgeht. Die beiden Philosophen gehen von einem natürlichen Urstoff aus. In Religionen wird der Ursprung der Welt auf einen Schöpfer zurückgeführt. Im Schöpfungstext der Bibel wird das Universum wie auch der Mensch durch Gott erschaffen. Eine naturwissenschaftliche Erklärung für die Entstehung der Welt ist die Urknalltheorie. Sie geht davon aus, dass unser Sonnensystem vor etwa 5 Mrd. Jahren entstanden ist. Vertreter der Urknalltheorie halten eine extreme Verdichtung von Materie, die sich in einer gewaltige Explosion entladen hat, für die Ursache für die Entstehung von Raum und Zeit. Die Sonne ist erst 8 Millionen Jahre nach dem Urknall entstanden. Sie besteht aus Material, das in Supernova-Explosionen ins Weltall geschleudert wurde. Durch Explosionen entstanden auch die anderen Sterne. Durch Bindung von Staub und Gas, das sich in undurchsichtigen Scheiben um junge Sterne befindet, sind dann die Planeten entstanden.

1. Wie könnten die Vorsokratiker zu ihren Vorstellungen von der Entstehung der Welt gekommen sein?
2. Was haben die Vorstellungen der Vorsokratiker und religiöse Weltentstehungstheorien gemeinsam und was unterscheidet sie?
3. Kann die Urknalltheorie die Entstehung der Welt erklären?

Weltentstehungstheorien auf dem Prüfstand

Weltentstehung aus der Kiste

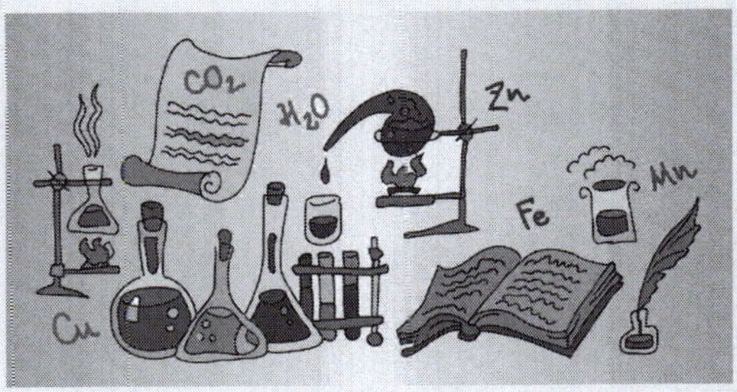

1. Bringt unterschiedliche Materialien mit, mit denen man die unterschiedlichen Weltentstehungstheorien dreidimensional nachempfinden kann. Baut mit diesen Materialien in Gruppen von maximal 5 Schülerinnen und Schülern eine Skulptur, in der mindestens zwei Theorien kreativ dargestellt sind.

   oder:

2. Baut eine Skulptur, in der ihr eure Vorstellungen von der Entstehung der Welt zum Ausdruck bringt.
3. Interpretiert diese anschließend gegenseitig in einer Ausstellung.

---

1. Welchen Anspruch auf Gewissheit erheben die einzelnen Weltentstehungstheorien?
2. Welche Bedeutung können diese Theorien für die Gruppe von Menschen haben, die sie vertreten?
3. Welche Bedeutung haben diese Theorien für euer Verständnis?
4. Welche Vorstellungen habt ihr von der Entstehung der Welt?
5. Gedankenexperiment: Stellt euch vor, Wissenschaftler können die Urknalltheorie absolut schlüssig beweisen. Bedeutet das ein Ende aller mythischen und religiösen Theorien und Vorstellungen?

Henne oder Ei?

Hätte es unsere Welt auch gegeben, wenn der Zustand, in dem sie entstanden ist, ein kleines bisschen anders ausgesehen hätte? Der amerikanische Meteorologe **Edward Lorenz** (1917–2008) entdeckte durch einen Zufall, dass eine kleine Veränderung der Ausgangsbedingungen gewaltige Folgen nach sich ziehen kann. So berechnete er, dass ein Schmetterling, der in Shanghai mit seinen Flügeln wackelt, damit theoretisch einen gewaltigen Wirbelsturm in New York auslösen kann. Dieses Phänomen wird auch als „Schmetterlingseffekt" bezeichnet. Waren die Bedingungen für die Entstehung der Welt zufällig günstig oder steckt dahinter ein tieferer Sinn? Und was hat diese Bedingungen bewirkt?

Domino-Effekt

1. Stellt eine Vielzahl an Dominosteinen hintereinander so auf, dass sie sich beim Umfallen berühren würden.
2. Führt nun verschiedene Experimente durch. Stellt nach jedem Experiment die **Steine wieder auf.**
   - Berührt einen beliebigen Stein in der Reihe so, dass er einen anderen Stein berührt.
   - Geht ebenso beim ersten Stein in der Reihe vor.
   - Kippt den ersten und den letzten Stein gleichzeitig in entgegengesetzter Richtung.
   - Versucht alle Steine gleichzeitig umzustoßen.
   - Lasst mit geschlossenen Augen einen Gegenstand auf die Reihe fallen.
   - Probiert aus, wie der Domino-Effekt provoziert werden kann, ohne dass ihr einen Stein berührt.
3. Tauscht euch darüber aus, welches Experiment am ehesten als Metapher für die Entstehung der Welt fungieren kann.

1. Kann es etwas geben, das keine Ursache hat?
2. In welchem Verhältnis stehen Ursache und Wirkung?
3. Welche Bedingungen hätten die Entstehung der Welt so beeinflussen können, dass sie eine andere Entwicklung genommen hätte?
4. Welche Rolle spielt der Mensch für die Entwicklung der Welt?

Der Planet Erde als Teil der Welt

Unter „Welt“ wird die Gesamtheit dessen verstanden, was ist. Was im Einzelnen dazu gehört, ist abhängig von den subjektiven, kulturellen und fachlichen Betrachtungsweisen. In einem weiten Verständnis bezeichnet „Welt“ das gesamte Universum, konkret kann es sich aber auch um den Planeten Erde handeln. Die Erde ist vor ca. 4,3 Milliarden Jahren aus dem Staub eines gestorbenen Sterns entstanden. Die Geburt der Erde war begleitet durch zahlreiche Katastrophen, wie Meteoriteneinschläge und starke Temperaturschwankungen. So betrug die Temperatur der Oberfläche zeitweise 4000 Grad Celsius. Allmählich kühlte sich die Materie ab, die Kontinente und das Leben entstanden. Die Atmosphäre wurde mit Sauerstoff angereichert und die ersten Weichtiere besiedelten die Meere. Allmählich entwickelten sich unterschiedliche Lebewesen, die bis heute unsere Erde prägen. Menschliches Leben entstand vor ca. 7,5 Mio. Jahren. Als Ursache nimmt man heute klimatische Veränderungen an.

Planet aus Sternenstaub

Führt gemeinsam eine Performance zur Entstehung des Planeten Erde auf. Geht dabei folgendermaßen vor:

1. Recherchiert weitere Informationen zur Entstehung des Planeten Erde.
2. Überlegt euch, wie ihr die Phasen der Entstehung der Erde darstellen wollt (z. B. begleitet durch Sprache oder pantomimisch) und welche Hilfsmittel (z. B. Tücher, Symbole für Sterne o. a.) ihr zusätzlich verwendet.
3. Stellt eine Hintergrundmusik zusammen, die das Geschehen untermalt.
4. Studiert die Performance ein.
5. Führt das Stück vor einer anderen Klasse auf.

1. Ist die Entstehung der Erde ein Zufall?
2. Ist der Planet Erde nur einer unter vielen Planeten oder kommt ihm eine besondere Bedeutung zu?
3. Wie wird sich unser Planet weiter entwickeln?
4. Gedankenexperiment: Stellt euch vor, ihr könntet euch mit einer Zeitmaschine in verschiedene Stadien der Erdgeschichte begeben. Dabei könnt ihr auch in Zeiten reisen, in denen es die Spezies Mensch noch gar nicht gab oder nicht mehr gibt. Tauscht euch über eure Vorstellungen aus.

3.3 Religion und Aberglaube

Zur Einführung

Schon immer wurden Menschen durch ihre Umgebung beeinflusst und beeindruckt. Gewitter, Feuer, Vulkanausbrüche, Stürme aber auch der Frieden eines sonnenbeschienenen Feldes oder der besonders geglückte Fischfang waren Momente, die hinterfragt wurden. Auf die Frage nach dem Woher und Warum dieser Phänomene schienen Götter als Ursachen von Glück und Unglück anfangs eine plausible Begründung. Mythen wurden so zur Erklärung der Welt.

Bereits die griechischen **Vorsokratiker** (600–400 v. Chr.) zweifelten an dieser Erklärung. Sie versuchten dem Mythos den Logos (Verstand) gegenüberzusetzen und die Welt in einem frühen naturwissenschaftlichen Sinne zu erklären. Viele ihrer Ansätze – wie die Vorstellung von Atomen – haben sich bis heute in der Wissenschaft erhalten. Der Glaube an eine transzendente (jenseitige) Macht ist jedoch auch mit der wissenschaftlichen Erklärung der Welt nicht verschwunden. Viele Menschen glauben an mehrere Götter (Polytheismus) oder einen Gott (Monotheismus); die Weltreligionen Hinduismus, Judentum, Christentum und Islam geben eindrucksvoll Zeugnis davon.

Zusätzlich zu dieser Form von Glauben meinen viele Menschen, Erklärungen für Geschehnisse der Natur und des Alltags in versteckten Botschaften und mittels verschiedener Techniken erkennen zu können. Dieser oft als **Esoterik** bezeichnete Weg, zu Erkenntnissen zu gelangen, wird auch Aberglaube genannt, da es für die erzielten Ergebnisse keine ausreichenden wissenschaftlichen und überzeugenden Erklärungen gibt. Insbesondere das Befragen von Karten, der Würfel oder Runensteine sowie der Blick auf Sternbilder und Planetenkonstellationen sollen Zukünftiges erkennen lassen; das wohl bekannteste Beispiel ist das Horoskop. Der Glücksbringer in der Federtasche oder die Angst vor der Zahl 13 gehören aber ebenso zum Aberglauben.

Warum so viele Menschen dennoch an diese Dinge glauben, erklärt **Paul Watzlawick** (1921–2007): Dadurch, dass wir annehmen, dass zum Beispiel die Ergebnisse aus dem Horoskop eintreten werden, verhalten wir uns so, dass sie auch wirklich eintreten.

1. Worin besteht der Unterschied zwischen Religion und Aberglaube?
2. Welche weiteren Formen von Aberglauben kennt ihr? Erstellt ein Cluster.
3. In welchen Bereichen wirkt die „selbsterfüllende Prophezeiung“ neben dem Horoskop?

Der Blick in die Zukunft

Jeder kennt sicher das Würfelspiel „Kniffel". Ziel des Spiels ist es – neben anderen Konstellationen – möglichst viele Augen zu werfen: Das Optimum ist dabei natürlich mit allen fünf Würfeln eine 6 zu erwürfeln. Ein Blick in die Zukunft kann dabei nicht schaden ...

Der Kniffelgott

Das Spiel wird ein wenig vereinfacht: Ihr habt in eurer Spielgruppe (zwei bis sechs Mitspieler) einen Würfelbecher und drei Würfel. Ziel ist es, in genau zehn Runden die insgesamt höchste Augenzahl zu würfeln. Dazu darf in der Runde jeder einmal mit dem Becher würfeln und die erbrachten Punkte zusammenzählen und notieren. Das ist einfach – aber jetzt kommt der Kniffelgott ins Spiel, der jedem Becher innewohnt und das Glück mal dem einen, mal dem anderen Spieler zuteilwerden lässt. Vielleicht lässt er sich beschwören?

Lauscht, riecht oder fühlt am Becher, was der Kniffelgott euch geschenkt hat: Sagt voraus, welche Augen eure Würfel nach dem Heben des Bechers anzeigen werden. Habt ihr Recht, dürft ihr die richtigen Punkte zu eurem Wurf hinzuzählen, liegt ihr falsch, müsst ihr die falsch vorausgesagten Augen von euren Punkten abziehen, bevor ihr sie aufschreibt. [Beispiel: Voraussage 2, 4, 5; gewürfelt: 2, 3, 5; Ergebnis: (2 + 3 + 5) + 2 – 4 + 5 = 13]

1. Wie häufig hattet ihr Recht in der Voraussage und wie oft lagt ihr falsch?
2. Kann man die Augenzahl beim Würfeln nun eigentlich voraussagen? Und wenn man es kann oder nicht kann – was bedeutet dies für das Horoskop?
3. Was ist eigentlich Zufall und gibt es den Zufall tatsächlich? Erläutert eure Antwort an einem Beispiel.

Zaubern ist mehr als Geschwindigkeit

Abrakadabra

Studiert einen beliebigen Zaubertrick richtig gut ein und führt ihn den anderen auf einem großen Zauberwettbewerb vor. Seid dazu ein wenig kreativ und stellt euch nicht nur mit Spielkarten an den Tisch: Murmelt ein paar Zaubersprüche, habt einen Zauberstab dabei, verkleidet euch und sorgt für stimmungsvolle Musik und das richtige Licht.

Lasst die anderen im Anschluss raten, wie der Trick funktioniert. Falls es niemand herausfindet, dürft ihr es für euch behalten und seid nun ein anerkannter Zauberer, geprüft und befragt. Ihr könnt im Anschluss überlegen, ob ihr vielleicht eine Zauberschule gründen wollt oder nur so zum Spaß weiterzaubert.

Beispiele:
Der folgende Trick ist recht einfach und einige werden ihn kennen; wenn ihn mehrere von euch lesen und verwenden, wird euer Zauberwettbewerb recht eintönig ausfallen, also nehmt ihn nur als erste Anregung:

Der nichtplatzende Luftballon
Wenn man eine Stricknadel in einen prallen Luftballon sticht, dann platzt dieser – das kennt jeder. Bei diesem Trick aber wirst du beweisen, dass du den Ballon verzaubert hast und er nun nicht mehr platzt.

Am besten nimmst du zwei aufgeblasene Luftballons für den Zaubertrick. Zeige erst einmal, dass die Luftballons platzen, indem du einen der beiden einfach zerstichst. Den zweiten beschwörst du nun und kannst anschließend die Nadel hineinstechen, ohne dass er platzt. Das funktioniert so: Du stichst die Nadel langsam und nur gegenüber der Öffnung am etwas weicheren und dickeren Ende des Ballons ein. Hier ist die Spannung nicht so groß wie an den Seitenflächen und der Ballon bleibt ganz. Du kannst auch durchsichtigen Klebestreifen auf den Ballon kleben (egal wo) und ihn an dieser Stelle aufspießen. Auch hier platzt der Ballon nicht, wenn der Klebestreifen fest auf den Ballon haftet. Leichter ist es, wenn der Luftballon nicht zu prall gefüllt ist.

1. Hat Magie etwas mit Glauben zu tun oder ist Zauberei nur ein Trick?
2. Worin besteht der Unterschied zwischen einem Wunder und einem Zaubertrick?
3. Ist Magie ohne Trick möglich? Woher kommt die Sicherheit für eure Antwort?

Mein Haus, mein Boot, meine Religion

Der Philosoph **Karl Marx** (1818–1883) behauptete, Religion sei das Opium des Volkes. Was haben Rauschmittel und Religion gemeinsam?

Das ...tum

Ein Spiel für mehrere Gruppen und eine gesunde Portion Humor:

Gründet in diesem Spiel eure eigene Religion und versucht sie in der Klasse zu verbreiten. Die Religion mit den meisten Anhängern/Gläubigen gewinnt.

Sucht für eure Religion mindestens die folgenden Merkmale heraus, die mit keiner derzeit bestehenden Religion übereinstimmen dürfen:

- einen Namen – das „...tum“,
- ein Symbol,
- einen Feiertag,
- ein Haus, in dem ihr euch trefft,
- einen Ritus, den ihr vollzieht, wenn ihr euch trefft,
- bestimmte Regeln oder Gebote, die zu befolgen sind,
- den besonderen Vorteil, den man hat, wenn man an diese Religion „glaubt“.

Versucht, bei dem Entwurf eurer Glaubensgemeinschaft besonders kreativ und witzig zu sein und etwas zu finden, das viele eurer Mitschüler in den Bann ziehen wird. Stellt eure Religion den anderen in einer gut vorbereiten Missionierung vor und sprecht dabei nicht nur den Verstand eurer Mitschülerinnen und Mitschüler an.

1. Wie ist der Ausspruch von Karl Marx „Religion ist das Opium des Volkes“ zu verstehen?
2. Kann man eine Religion einfach so gründen oder entsteht sie von allein? Recherchiert ein wenig, bevor ihr die Frage beantwortet.
3. Warum glauben viele Menschen an übersinnliche Dinge oder einen Gott? Versucht gemeinsam eine Antwort zu erarbeiten.
4. Begründet, ob eine Welt ohne Religionen erstrebenswerter wäre.

3.4 Glück

Zur Einführung

Wenn man im Deutschen von „Glück“ spricht, gibt es wenigstens zwei Bedeutungen: Zum einen das Glücklichsein (englisch: happiness), zum anderen einen günstigen Zufall (englisch: luck). Je nachdem, ob man über Zufall oder einen Zustand spricht, gibt es verschiedene Möglichkeiten, sich dem Begriff des Glücks zu nähern.

Das Glück als günstiger Zufall ist ein Phänomen, das von Philosophen und Naturwissenschaftlern kritisch betrachtet wird: „Zufall“ bedeutet, dass ein Ereignis eintritt, ohne dass eine Ursache dafür erkennbar oder vorhanden ist. **Deterministen** nehmen an, dass die Welt völlig berechenbar ist und wir – unter der Voraussetzung einer vollständigen Kenntnis aller Naturgesetzmäßigkeiten – alle Ereignisse voraussagen könnten; **Indeterministen** hingegen behaupten, es gibt Ereignisse ohne kausale Zusammenhänge – also echten Zufall.

In der anderen Bedeutung steht das Glück für ein gutes und gelingendes Leben (griech. „eudaimonia“) und wird in der Antike im Bereich der philosophischen Lebenskunst betrachtet: Die Frage „Wie soll ich leben?“ ist Kern dieser Disziplin. Ratschläge zum Erreichen des glücklichen Lebens geben Philosophen bereits seit über 2500 Jahren. **Epikur** (341–270 v. Chr.) rät zum Beispiel zur Bescheidenheit, damit man in Momenten des Mangels nicht überrascht wird und möglichen Überfluss angemessen genießen kann. Eine politische Betätigung schließt er aus: Das größte Glück fände man im Gespräch mit Freunden im Garten. Die Vertreter der **Stoa** schließen sich Epikur an und erklären Zurückhaltung, Besonnenheit und Beherrschtheit zu Tugenden für ein gutes Leben. Reichtum, Politik und Macht schließen sie jedoch nicht aus, sofern man sich jederzeit bewusst ist, dass man Besitz und Ämter auch wieder verlieren kann. Stoiker versuchen, durch Beherrschung ihrer Gefühle und Hoffnungen eine Ausgeglichenheit der Seele zu erreichen, die größtes Glück verspricht.

Im modernen **Utilitarismus** gilt es als das Gegenteil von Leid und ist damit höchstes zu erstrebendes Ziel einer Handlung oder Regel.

1. Was bedeutet es für den Alltag, wenn Deterministen (oder Indeterministen) Recht haben?
2. Welche Bedeutung von Glück wird im Märchen „Hans im Glück“ verwendet?
3. Warum könnte es glücklich machen, wenn man bescheidener lebt?
4. Was bedeutet das Sprichwort „Jeder ist seines Glückes Schmied“?

Das grösste Glück

Glücks-10-Kampf

Jeder für sich:

1. Notiert als Brainstorming 10 Dinge oder Geschehnisse, die euch glücklich machen oder in der Vergangenheit glücklich gemacht haben.
2. Bringt eure Glücksliste in eine Reihenfolge. Beginnt mit dem schwächsten Glücksmoment und endet mit dem stärksten.
3. Überlegt euch zu jedem einzelnen Punkt Gründe, warum ihr glücklich seid.

Glückswettstreit:

Tretet nun immer zu zweit – zum Beispiel als „Bankrutschen" oder aber auch vorn an der Tafel – gegeneinander an und erklärt anhand eines Punktes eurer Liste, warum ihr glücklich seid. Der Mitspieler erwidert dann, mit Blick auf seine Liste, warum er noch viel glücklicher ist, worauf erneut der erste Spieler dran ist und so weiter ... Geht eure Listen bis zum Ende durch und setzt euch wortgewaltig für euer Glück ein.

Nun wird es etwas schwierig: Bei den letzten beiden Punkten (euren stärksten Glücksmomenten) muss die Klasse helfen und mitentscheiden, welche Argumente für das Glücklichsein die besten sind. Können auch zwei Spieler gleich glücklich sein? Ihr habt die Qual der der Wahl ...

1. Inwiefern kann man das individuelle Glück vergleichen?
2. Wie kann man erkennen, ob jemand glücklich ist? Schlagt ein Verfahren vor, wie man Glück messen kann.
3. Ist materielles Glück (z. B. Geld, teure Kleidung) mit immateriellem Glück (z. B. Familie, Freunde) gleichzusetzen? Begründet eure Antwort.
4. Welche Argumente zur Begründung des Glücks waren gut nachvollziehbar? Und: Kann es für Glück überhaupt gute Argumente geben?

Mein Freund, das Glück

Im antiken Griechenland wurden öffentliche Ämter oft durch Lose vergeben, damit sich niemand bevorzugt fühlen konnte. Ähnlich gab es in der Rechtsprechung lange das „Gottesurteil", in dem der Zufall entschied, ob ein Verbrecher verurteilt wurde oder nicht. Das Ergebnis wurde dann als Wille Gottes interpretiert. Heute werden manchmal Studienplätze, Eintrittskarten oder andere knappe Güter per Los verteilt. Auch hier gilt als Argument die strikte Gleichbehandlung aller Interessenten durch den Zufall.

Glückspilz

Material: mehrfach drei Würfel mit der gleichen Augenzahl

Setzt euch in Gruppen zu je drei bis fünf Spielern zusammen und bestimmt einen Preis für den Gewinner eurer Gruppe. Dieser könnte zum Beispiel an einem Tag vom Tafeldienst befreit werden, an dem die Gruppe ihn entlastet oder er wird gemeinsam zum Eis eingeladen oder muss den ganzen Tag seine Schultasche nicht allein tragen ... Überlegt euch ein attraktives Ziel, denn jeder von euch könnte der Gewinner sein, wenn das Glück ihm lacht.

Nehmt drei Würfel und versucht reihum mit jeweils einem Wurf einen Dreierpasch zu bekommen. Wer zuerst dreimal einen Dreierpasch (es muss nicht der gleiche sein) hat, der gewinnt und bekommt den versprochenen Preis.

Wenn ihr Lust und Zeit habt, spielt das Spiel mit einem neuen Preis erneut von vorn.

1. Warum gilt der Zufall als gerecht?
2. Ist der Zufall gerecht?
3. Was bedeutet es, wenn jemand ein *Glückspilz* ist?
4. Kann man das Glück/den Zufall beeinflussen?

Wenn du glücklich bist, dann klatsche in die Hand

Das große Glück

Wenn wir glücklich sind oder Glück haben, reagieren wir ganz unterschiedlich. Das hängt vielleicht von unserer Gewöhnung an Glück, unserer Persönlichkeit, unserer Kultur oder von der Intensität des Glücks ab.

Schneidet für dieses Spiel zunächst die unten abgedruckten Kärtchen aus und legt sie verdeckt auf den Tisch. Zieht dann ein „großes Glück" und zeigt wie ihr reagieren würdet, wenn euch dieses wirklich passierte. Lasst die anderen raten, was ihr erlebt habt.

Du gewinnst im Lotto den Jackpot.	Der Philosophie-unterricht fällt heute aus.	Du findest auf der Straße fünf Euro.	Du gewinnst beim Computerspielen.
Dein Schwarm lädt dich ins Kino ein.	Du hast Geburtstag.	Ein/e alte/r Freundin/Freund besucht dich nach zwei Jahren wieder.	Es gibt dein Lieblingsessen.
Du hast das Abitur geschafft.	Deine Freunde veranstalten eine Party für dich.	Eine Katze kuschelt sich an dich.	Die nicht gemachte Hausaufgabe wird nicht kontrolliert.
Auf deiner Hand landet ein Marienkäfer.	Die Sommerferien haben begonnen.	Jemand, in den du verliebt bist, erklärt dir, dass er in dich verliebt ist.	Dein größter Wunsch geht in Erfüllung, nämlich ...

1. Stimmt der Spruch „Geld allein macht nicht glücklich!"? Begründet eure Position.
2. Warum kann man „glücklich" steigern? Versucht zu beschreiben, wie sich „glücklich", „glücklicher" und „am glücklichsten" voneinander unterscheiden.
3. Warum spielen wir auch im Alltag manchmal vor, glücklich zu sein?
4. Ist Glück das größte Ziel des Menschen? Welche Alternativen gibt es?

3.5 Träume

Zur Einführung

Unter „Träumen" wird zum einen eine psychische Aktivität während des Schlafens verstanden. Zum anderen wird der Begriff auch im Zusammenhang mit „Sinnieren", „Seinen Gedanken nachhängen", „Tagträumen" verwendet. Nachträume begleiten alle Phasen des Schlafes, können aber nur selten erinnert werden. Oft sind sie mit einem starken bildlichen Erleben verbunden und kombinieren ein Geschehen, das ungewöhnlich oder unmöglich ist. Träume während des Schlafs können vom Träumer nur bedingt beeinflusst werden, indem z. B. in der Einschlafphase etwas Bestimmtes gedacht oder emotional bewältigt wird. Im Traum verarbeiten wir Erlebnisse, die unser Unterbewusstsein beschäftigen. Mit den mentalen Zuständen während des Träumens beschäftigt sich die Traumforschung. Da sie aber keinen direkten Zugriff auf Trauminhalte hat, kann sie zwar durch das Messen von Hirnströmen die Intensität des Träumens nachweisen, nicht aber die Inhalte. Die einzige Möglichkeit darüber Aufschluss zu bekommen, ist, den Träumer zu wecken und zu seinen unmittelbaren Träumen zu befragen. Tagträume sind Fantasievorstellungen, die bei wachem Bewusstsein erlebt werden. Anders als bei Nachtträumen kann der Träumer diese Vorstellung willentlich steuern. Der französische Schriftsteller und Philosoph **Michel de Montaigne** (1533–1592) stellt die besondere Bedeutung des Tagträumens für die Weltbegegnung und den Aufbau von Sinn heraus. Nach seinem Verständnis ist eine Form des Tagträumens die Philosophie als Spiel mit den Möglichkeiten, die Erscheinungen der Welt zu deuten. Die Geschichte der Philosophie repräsentiert für ihn die Träume der Menschheit. Der französische Philosoph **Jean-Jacques Rousseau** (1712–1778) greift die durch **René Descartes** (1596–1650) geprägte Metapher des „Lebens als Traum" auf. Im träumenden Umgang allein mit der Natur kann der Mensch ein unübertreffliches Glücksgefühl empfinden. Auch der deutsche Philosoph **Ernst Bloch** (1885–1977) stellt in seinem Werk „Prinzip Hoffnung" die ausgleichende Funktion des Tagträumens heraus. In einem durch Mangel gekennzeichneten Leben ist der Traum der schöne Schein, der über die Alltäglichkeit des Daseins hinweghilft.

1. Was haben Tag- und Nachtträume gemeinsam und was unterscheidet sie?
2. Was unterscheidet Traum und Wirklichkeit?
3. Wie ist die Metapher des „Lebens als Traum" zu verstehen?
4. In welchem Verhältnis stehen Traum und Intuition?

Mit Träumen experimentieren

In der Traumfabrik

Dieses Spiel kannst du am besten zu Hause vor, im und nach dem Schlafen ausprobieren.

1. Wenn du dich abends zum Schlafen zur Ruhe begeben hast, überlege dir, wovon du träumen möchtest.
2. Stelle es dir möglichst genau in farbigen Bildern vor.
3. Sprich mehrmals still zu dir: „Von diesen Dingen, von dieser Situation möchte ich heute träumen."
4. Wenn du morgens aufwachst und feststellst, dass du etwas geträumt hast, schreibe die Erinnerungen an deinen Traum sofort auf.
5. Wiederhole das Gedankenexperiment mehrere Tage hintereinander.
6. Tausche dich mit anderen über deine Erfahrungen aus.

Tagträumen

1. Ziehe dich zurück und nimm dir etwas Zeit. Vielleicht hast du die Möglichkeit, in den Himmel zu schauen und die Wolken ziehen zu sehen.
2. Lass deine Gedanken dahin schweifen, wo du jetzt gerne wärst.
3. Stelle dir vor, du bist an diesem Ort und alles ist so, wie es sein soll.
4. Lass die Bilder an deinem inneren Auge vorbeiziehen, atme die Luft tief ein, nimm die Gerüche wahr, achte auf jedes Geräusch.
5. Kehre nach einer Weile ins Hier und Jetzt zurück und lass die Erfahrung noch etwas in dir nachwirken.
6. Tausche dich mit anderen über deine Erfahrung aus.

---

1. Kann man seine Träume beeinflussen?
2. Warum kann man sich am Morgen kaum an seine Träume erinnern?
3. Wo sind die Träume, wenn wir keine Erinnerung mehr an sie haben?
4. Stimmt das Sprichwort: „Träume sind Schäume"?
5. Kann man Träume verschenken?
6. Kann es sein, dass alles ein Traum ist?
7. Gedankenexperiment: Was wäre, wenn es keine Träume gäbe?

Gute und böse Träume

Traumklanggeschichte

1. Erfindet in Gruppen eine kleine Traumgeschichte.
   Vertont mit verschiedenen Klanginstrumenten (Rasseln, Trommeln, Klangflaschen oder -gläsern, Steinen etc.), die ihr sammeln oder basteln könnt, eure Traumgeschichte.
2. Führt euch eure Traumklanggeschichte gegenseitig vor.

Traumfänger

1. Sicher könnt ihr euch auch an böse Träume erinnern. Tauscht euch darüber aus.
2. Bildet zwei Gruppen, die Träumer und die Traumfänger und verteilt euch im Raum.
3. Nach einem verabredeten Signal beginnen die Träumer einen bösen Traum pantomimisch darzustellen. Die Traumfänger versuchen herauszufinden, worum es sich bei dem Traum handelt.
4. Wer eine Traumpantomime entschlüsselt hat, muss den dazugehörigen Träumer einfangen. Gelingt ihm dies, werden die Rollen gewechselt.

Abwandlungsmöglichkeit

1. Der Traum wird nicht pantomimisch dargestellt, sondern aufgemalt.
2. Anschließend wird die Zeichnung zusammengerollt und im Raum, in der Schule oder auf dem Schulgelände versteckt.
3. Die Traumfänger müssen die Traumbilder finden und deuten.
4. Wer die meisten „Träume" findet und deutet, ist der Sieger.

---

1. Was macht einen guten Traum aus?
2. Woher kommen böse Träume?
3. Stelle dir vor, es gibt einen Traumfänger oder eine Traumfängerin. Wie sieht diese Person aus? Oder handelt es sich um gar keinen Menschen?
4. Gedankenexperiment: Stelle dir vor, man könnte Träume sammeln. Welche Träume würdest du sammeln? Wo würdest du sie aufbewahren?

Traumwelten

Die Welt im Kaleidoskop

1. Schneidet das Bild aus und zerschneidet es.
2. Setzt das Bild neu zusammen, sodass eine andere Traumwelt entsteht.
3. Stellt euch eure Traumwelten in einer kleinen Geschichte gegenseitig vor.
4. Zeichnet einen eigenen Traum oder eine eigene Traumwelt auf.

1. Wo kommen Träume her und wo gehen sie hin?
2. Ist im Traum alles möglich?
3. Kann ich träumend etwas erkennen, was mir sonst verschlossen bliebe?
4. Von Mark Twain (1835–1910) stammt der Spruch: „Trenne dich nie von deinen Illusionen. Sind sie verschwunden, so magst du noch existieren, aber du hast aufgehört zu leben.“ Tauscht euch darüber aus.

3.6 Wunder

Zur Einführung

Unter einem Wunder wird umgangssprachlich ein Geschehen verstanden, das unvorhergesehen und unerklärlich ist und daher Verwunderung und Erstaunen auslöst. In einem engeren Sinne ist ein Wunder ein Phänomen, das der menschlichen Vernunft und den Naturgesetzen widerspricht. Was als Wunder erfahren wird, ist individuell und zeitgeschichtlich sehr unterschiedlich. Für manche Menschen ist die Schönheit und Vielfalt in der Natur bereits ein Wunder, für andere ist dies nicht mehr als die Auswirkung von Naturgesetzen. In der Antike galten auch Blitz und Donner als Wunder, da man sich diese Phänomene nicht wissenschaftlich erklären konnte. Im Lateinischen wurde für wundersame Erscheinungen der Begriff „miraculum", d. h. „Wunderding", verwendet. Als solche „Wunderdinge" gelten z. B die sieben Weltwunder. Dabei handelt es sich um besondere Bauwerke oder Skulpturen. In allen Religionen spielen Wunder eine große Rolle. Sie sind Ausdruck des Willens einer übersinnlichen Macht, z. B. als Verkündigung Gottes im Alten Testament. Die philosophische Strömung des **Rationalismus** bestreitet die Existenz von Wundern, da sie der Vernunft widersprechen. Der **Empirismus** lehnt die Annahme von Wundern ab, da sie nicht durch Erfahrung überprüft werden können. Für den Philosophen **Arthur Schopenhauer** (1788–1860) ist der Tod ein metaphysisches Wunder und Ursprung aller philosophischen Nachdenklichkeit. In der Auseinandersetzung mit der eigenen Sterblichkeit stellt sich der Mensch die Frage nach dem Sinn des Lebens und dem Danach. In anderen philosophischen Denksystemen spielt der Begriff der „Kontingenz" eine wichtige Rolle. Darunter wird die Tatsache verstanden, dass es Dinge und Erscheinungen gibt, die nicht notwendig so sein müssten, wie sie sind, sondern auch anders sein könnten. Umgangssprachlich wird dieses Phänomen auch als „Zufall" bezeichnet. Der Haltung des Wunderns und Staunens als Voraussetzung für das Philosophieren wird in der Philosophie eine wichtige Bedeutung beigemessen. Die Welt nicht fraglos hinzunehmen, gilt als Herausforderung für den gemeinsamen Austausch über Erscheinungen und Phänomene der Welt.

1. Recherchiert, was der Begriff „metaphysisch" bedeutet!
2. Was spricht für die Existenz von Wundern und was dagegen?
3. Seht ihr einen Zusammenhang von Wunderglauben und Aberglauben?
4. Tauscht euch darüber aus, in welchen Zusammenhängen ihr den Begriff „Wunder" verwendet!

Die Pyramiden von Gizeh

Die Pyramiden von Gizeh sind eins der sieben alten Weltwunder und das einzige, das noch heute erhalten ist. Sie befinden sich in der Nähe von Kairo, der Hauptstadt von Ägypten. Sie entstanden ca. 2500 Jahre v. Chr. und werden heute von mehreren Millionen Touristen im Jahr bewundert und bestaunt. Die Pyramiden können auch von innen besichtigt werden, wobei aus Sicherheitsgründen nur einige der Gänge freigegeben sind.

Pyramidenbau

1. Besorgt euch eine etwa 1 Quadratmeter große, feste Unterlage (am besten aus Holz oder dicker Pappe) und verschiedene Materialien, z. B. Papier, Pappe, Knete, Moosgummi, Korkplatten, Figurendraht, Sand.
2. Versucht mit den verschiedenen Materialien Pyramiden zu bauen.
3. Tauscht euch darüber aus, wie ihr beim Bau der Pyramiden vorgegangen seid und wie ihr den Bauprozess empfunden habt.
4. Kreiert mit euren Pyramiden auf der Unterlage eine Pyramidenlandschaft, indem ihr die Bauwerke wirkungsvoll anordnet und das Umfeld der Pyramiden mit Sand, Steinen, kleinen Grasbüscheln etc. gestaltet.
5. Stellt eure Landschaft auch anderen Klassen vor.

1. Sind die Pyramiden von Gizeh für euch ein Wunder?
2. Wenn ja, was macht das Wundersame aus?
3. Welche Gemeinsamkeiten und Unterschiede gibt es zwischen euren und den antiken Pyramiden?
4. Wie stellt ihr euch das Innere der Pyramiden vor?
5. Erkundungsauftrag 1: Findet heraus, welche Funktionen die Pyramiden in der Antike hatten.
6. Erkundungsauftrag 2: Findet heraus, welche weiteren antiken und welche modernen Weltwunder es gibt.

DAS WUNDER IM ALLTÄGLICHEN NACHEMPFINDEN

Blumenwiese

Material:
Grüne Tücher oder ein großes Stück grünen Stoff, verschiedenfarbige Tücher und verschiedenfarbiges Krepppapier, Tonkarton, Wellkarton, Seidenpapier, Islandmoos oder Ostergras, Steckmasse oder Steckmoos, Schere, Klebestreifen, Holzspieße, Pinsel und Farben.

1. Betrachtet eine Blume oder Blüte genau von allen Seiten.
2. Empfindet mit einer Auswahl der Materialien eine Blüte oder Blume nach.
3. Tauscht euch darüber aus, welche Gedanken oder Gefühle den Prozess begleitet haben.
4. Kreiert nun mit euren Blumen und weiteren Materialien eine bunte Blumenwiese.

Spielabwandlung
Ihr könnt die bunte Blumenwiese auch als Materialbild mit echten Blumen legen. Allerdings verpasst ihr dann den Spaß beim Basteln.

1. Könnt ihr nachempfinden, dass für manche Menschen eine bunte Blumenwiese oder die Schönheit einer Blüte ein Wunder darstellt?
2. Gibt es Dinge oder Erscheinungen im Alltag, die für euch ein Wunder sind?
3. Ist es nicht auch ein Wunder, dass überhaupt etwas ist?
4. Sind Wunder immer etwas Positives?
5. Gibt es ein Wunder, dass ihr euch wünschen würdet?

Sich wundern heisst überrascht sein

Überraschung

1. Überlegt euch, womit ihr eine Person, die nicht in eure Klasse geht, wirklich überraschen könnt, z. B. indem ihr dieser Person, die nicht damit rechnet, etwas schenkt, oder eurer Lehrerin zu Beginn des Unterrichts ein Ständchen bringt.
2. Jeder überrascht innerhalb einer Woche mindestens eine Person.
3. Kann man sich eigentlich auch selbst überraschen?
4. Tauscht euch über eure Erfahrung mit dem Überraschen aus.

Überraschungsei

1. Besorgt euch möglichst viele Überraschungseidöschen.
2. Nun überlegt, wie ihr sie mit lustigen oder skurrilen Dinge füllen könnt, z. B. einem witzigen Spruch oder einer kleinen Kette. **Achtung!** Gemeinheiten sind verboten!
3. Verschenkt nun eure Überraschungseier auf dem Schulhof und beobachtet die Reaktion der Beschenkten.
4. Tauscht euch über eure Erfahrung mit dem Überraschen aus.

Überraschungswettbewerb

Es ist ziemlich schwierig, jemanden zu überraschen, der auf eine Überraschung wartet. Versucht es trotzdem!

1. Sucht euch Personen in eurer Klasse aus, die ihr überraschen wollt. Achtung! Nur positive Überraschungen sind erwünscht!
2. Überlegt, was diese Personen überraschen würde und tut es.

---

1. Sind Überraschungen ein Wunder?
2. Was hat überrascht sein mit sich wundern zu tun?
3. Wie reagieren Menschen, wenn sie positiv überrascht werden?
4. Was wäre eine negative Überraschung?
5. Woran erkennt man, dass jemand überrascht ist?

---

4 Was ist der Mensch?

Und noch ein letzter Mitspieler:

Jean-Paul Sartre

(1905–1980)

4.1 Vernunft – Emotionen – Gefühle

Zur Einführung

Vernunft gilt als eines der Wesensmerkmale des Menschen und wird in der Bezeichnung „homo sapiens" dazu verwendet, ihn von anderen Lebewesen abzugrenzen. Gleichzeitig ist der Mensch jedoch auch in der Lage, Gefühle und Emotionen zu verspüren und sich von diesen leiten zu lassen.

Die Vernunft, verstanden als Klugheit oder Fähigkeit, Schlüsse zu ziehen, wurde in der europäischen Philosophie lange Zeit als etwas ausschließlich Positives begriffen. Besonders zur Zeit der **Aufklärung** (17.–18. Jahrhundert) galt die Vernunft als Garant für Wahrheit, Toleranz und eine bessere Zukunft. Die wachsende Skepsis gegenüber religiösen Auffassungen und Dogmen führte zu einer teils rasanten Entwicklung vieler Forschungen zum Beispiel in den Naturwissenschaften, in der Medizin oder Ökonomie. Häufig wird gar von einem „Glauben an die Vernunft" gesprochen, wenn Menschen überoptimistisch denken, dass sich alle Probleme durch Vernunft lösen lassen. Kritischer urteilten einige Philosophen des 20. Jahrhunderts, indem sie feststellen, dass es trotz der Vernünftigkeit des Menschen zu zwei Weltkriegen und dem Holocaust gekommen ist. Insbesondere das blinde Vertrauen vieler Menschen in Vernunft, Wissenschaft und Fortschritt wird bemängelt.

Gefühle und Emotionen galten in der Philosophie lange Zeit als zu überwinden und zu beherrschen. Die antiken Schulen der **Epikureer** und **Stoa** empfahlen zum Beispiel ein Leben mit wenig Gefühlsregung. Einige Philosophen, wie **Aristoteles** (384–322 v. Chr.) oder **Immanuel Kant** (1724–1804), sehen Gefühle gar als Gegensatz zum Verstand. Andere, wie **David Hume** (1711–1776) oder **Hermann Schmitz** (* 1928), argumentieren für eine Einheit von Fühlen und Denken.

Obwohl seit dem 18. Jahrhundert in der Philosophie und Literatur eine Aufwertung von Gefühlen festzustellen ist, werden sie im Allgemeinen noch immer als wenig bedeutsam angesehen. In einigen Kulturen gilt es als unhöflich, Gefühle zu zeigen und vor wenigen Jahren erwartete man auch von Männern in Deutschland noch, dass sie nicht weinen.

1. Was sind eigentlich „Dogmen" und warum werden sie in der Philosophie kritisiert?
2. Inwiefern ist die Gegenüberstellung von Vernunft und Gefühl richtig oder falsch?
3. Warum könnte der Philosoph Hastedt behaupten, dass der Mensch Gefühle benötigt, um vernünftig sein zu können?

Gedanken und Gefühle lesen

Ich erkenne was, was du nicht erkennst

Material:
Papier, verschiedenfarbige Stifte, Schere, Kleber, Zeitungen, Blumendraht, einfache Instrumente (z. B. Orff-Instrumentarium), Kreide, Tafel etc.

Jeder für sich:

1. Notiert drei Gedanken **und** drei Gefühle.
2. Überlegt euch, wie ihr diese sechs Gedanken und Gefühle mit jeweils einem Symbol, einer Skulptur, durch Musik oder allein durch Gestik und Mimik darstellen könnt.
3. Zeichnet die Symbole auf, stellt eure Skulpturen her und übt Musik, Gestik und Mimik ein.

Zusammen:

4. Stellt den anderen euer Symbol, eure Skulptur, die Musik oder eure Geste vor und lasst sie raten, was sich dahinter verbirgt. Wenn es zu schwer ist, dürfen die anderen 10 Fragen stellen, die ihr mit „ja“ oder „nein“ beantwortet.
5. Stellt eure Bilder und Skulpturen hinterher beschriftet aus. Versucht sie nach einem System zu sortieren.

---

1. Welche Gedanken und Gefühle waren leichter zu erraten, welche schwieriger?
2. Lassen sich Gefühle oder Gedanken leichter darstellen – und warum ist das so?
3. Welche Überschneidungen zwischen Gedanken und Gefühlen gab es? Woran liegt dies?

Jetzt bin ich aber

Was bin ich?

Schneidet die Kärtchen aus und legt sie verdeckt auf den Tisch. Teilt euch auf und zieht pro Gruppe zwei bis drei Kärtchen. Überlegt, wie man auf die folgenden Ereignisse emotional oder vernünftig reagieren könnte und worin der wesentliche Unterschied besteht – wenn es denn einen gibt.

Ihr habt den Zug nach Hause verpasst.	Ihr wurdet beim Fußball besiegt. Schon wieder ...!	Mathematik macht euch besonders viel Spaß.
Ihr ekelt euch vor der Farbe Grün.	Ihr habt alle schlechte Laune.	Ihr seid die schönsten Jungen und Mädchen der Klasse.
Ihr seid unheimlich fröhlich.	Ihr seid die mutigsten Jungen und Mädchen der Klasse.	Einer von euch ist ein sehr verwöhntes Kind.
Ihr seid leider ziemlich dumm – aber glücklich.	Ihr seid süchtig nach Schokolade.	Ihr seid sehr verliebt ineinander.

Übt euch darin, die Situationen den anderen Gruppen vorzuspielen. Probt eine emotionale und eine vernünftige Variante, wenn sich dies anbietet.

Stellt die Ergebnisse den anderen als Rollenspiel vor. Alle Schüler raten anschließend, was ihr ausgedrückt und ob ihr vernünftig oder emotional darauf reagiert habt.

1. Gibt es für jede Situation eine vernünftige und emotionale Möglichkeit zu reagieren?
2. Worin unterscheidet sich die vernünftige von der emotionalen Reaktion?
3. Welche gesellschaftlichen Normen beachten wir, wenn wir emotional oder vernünftig reagieren?
4. Welche Situationen fallen euch ein, in denen man keine Wahl der Reaktion hätte?

Ein Fest in Rationalien und Emotionalien

Völkerverständigung

1. Teilt die Klasse in zwei große Gruppen ein.
2. Vergebt durch Zufall der einen Gruppe die Staatsangehörigkeit „Rationalist“ und der anderen „Emotionalist“.
3. Ziel des Spiels ist es, im Sinne der globalen Freundschaft und Völkerverständigung, ein Treffen der beiden Völker Rationalien und Emotionalien zu arrangieren, dessen Ergebnis eine gemeinsame Party sein soll. Dieses Fest zu planen, ist also die Aufgabe aller Spielteilnehmer.
4. Beide Gruppen verhalten sich allerdings gemäß ihren kulturellen Wurzeln etwas verschieden. Lest nur (!) die Anleitung für euer Volk und lasst euch überraschen, was im Spiel passiert.

Rationalisten	Emotionalisten
· ihr seid sehr kühl, etwas wortkarg und ruhig · Logik und Vernunft zählt sehr viel für euch · Berührungen mögt ihr nicht besonders · „schwarz“ und „weiß“ bevorzugt ihr stets · ihr spielt gern Schach · ihr geht gern in die Bibliothek und lest viel · ihr verschwendet nie etwas · ihr seid sparsam und umweltbewusst · ihr seid freundlich, aber lacht nicht ständig · ihr mögt besonders Menschen wie euch	· ihr seid temperamentvoll, laut und stark · Gefühle und Emotionen sind euch wichtig · ihr berührt andere beim Gespräch immer · ihr mögt alles Bunte · ihr spielt gern Sportspiele · ihr tanzt gern und hört Musik · ihr genießt das Leben · ihr achtet auf die Umwelt · ihr lacht eigentlich ständig und seid witzig · ihr mögt besonders Menschen wie euch

1. Was ist im Rollenspiel passiert? Was hat euch überrascht, was nicht?
2. Zu welchem Ergebnis seid ihr gekommen? Wie hat sich das Treffen dorthin entwickelt?
3. Welche Regeln einer Völkerverständigung könnt ihr aus dem Spiel ableiten?
4. Was habt ihr über euch selbst gelernt? Fiel es euch schwer, eure Rolle einzunehmen?

4.2 Sprache

Zur Einführung

In einem weiten Verständnis bezeichnet das Wort „Sprache“ alle Formen der Kommunikation und schließt damit z. B. auch Körpersprache, Gestik und Mimik mit ein. In einem engeren Sinne bezieht sich „Sprache“ auf ein bestimmtes Zeichensystem, z. B. das der deutschen Sprache. Seit dem ausgehenden 19. Jahrhundert ist die Bedeutung der Sprache für Denken und Bewusstsein im Verhältnis zur Wirklichkeit in der Sprachphilosophie ein zentrales Thema. Dabei haben sich unterschiedliche Richtungen herausgebildet, die sich an zwei Typen von Wissenschaft orientieren: Die hermeneutische und die analytische Philosophie. Die **Hermeneutik** ist die Wissenschaft vom Verstehen. Ein wichtiger Vertreter ist **Wilhelm Dilthey** (1833–1911). Dilthey stellt in seiner Philosophie heraus, dass sich menschliches Dasein und Kommunizieren nicht an naturgesetzlichen Bestimmungen festmachen lässt, sondern einer Eigengesetzlichkeit folgt. Verstehen und Verständigung sind danach auf den Diskurs (Austausch) angewiesen und grundsätzlich unabgeschlossen. Die analytische Philosophie strebt dagegen eine Exaktheit des philosophischen Wissens an, das sich an den Naturwissenschaften orientiert. **Ludwig Wittgenstein** (1989–1951) bemühte sich in seinem Frühwerk „Tractatus logico philosophicus“ um die Darstellung einer wissenschaftlichen Idealsprache, mit der die Wirklichkeit genau abgebildet werden kann. Dabei ging er davon aus, dass die Wirklichkeit unabhängig von der Sprache gegeben ist und von dieser nur abgebildet wird. In seinem Spätwerk wandte sich Wittgenstein von dieser Auffassung ab. In seinen „Philosophischen Untersuchungen“ stellt er heraus, dass sich die Welt erst in ihrer sprachlichen Beschreibung erschließt und dies in der Regel in der Alltagssprache geschieht. Die Art und Weise des sprachlichen Umgangs mit der Welt ist Regeln unterworfen, ähnlich den Spielregeln eines Spieles. Daher spricht Wittgenstein bei der Verwendung von Wörtern und Sätzen in unterschiedlichen Kommunikationszusammenhängen von „Sprachspielen“. Sprache ist dann korrekt verwendet, wenn man den allgemein akzeptierten Regeln ihrer Verwendung folgt.

1. Wie lernen Menschen eine Sprache?
2. Führt eine gemeinsam gesprochene Sprache zwangsläufig zu geteilten Urteilen über die Welt?
3. Kennzeichnen die Grenzen unserer Sprache die Grenzen unseres Verstehens und Erkennens? Gebt Beispiele!

Auf die Regel kommt es an

Sprachdetektiv

Beim Verstehen einer Sprache kommt es auf die Einsicht in ihre Regeln an. Folgenden Texten liegen unterschiedliche Regeln zugrunde.

1. Lest die Texte vor.
2. Findet heraus, welchen Regeln die Texte folgen und übersetzt die Texte in unser Regelsystem. Wer zuerst einen Text entschlüsselt hat, ist der Sprachdetektiv.

snie, iewz, ierd, reiv, fnüf, shces, nebeis
ni red eluhcs driw nebeirhcseg
ni red eluhcs driw thcaleg
liew red nwolcnessalk nexaf thcam

bint sund schen due Wäldor,
golb due Steppolfoldor
ind dor Horbst bogunnt.

Erde der glück das
Pferde der rücken dem auf ruht

war es mutter eine hatte die kinder vier
frühling den sommer den herbst den winter den und

3. Erfindet zu zweit eine eigene Geheimsprache und lasst sie durch andere Schülerinnen und Schüler entschlüsseln!

---

1. Wie kann man einen Sprachcode entschlüsseln?
2. Was muss gegeben sein, damit ein neues sprachliches Regelsystem überhaupt entschlüsselt werden kann?
3. Sind unendlich viele Sprachen möglich?

Auf den Rahmen kommt es an

Geburtstag

Stellt euch vor, ihr seid auf einer Geburtstagsfeier. Die eingeladenen Gäste werden zur Begrüßung verabschiedet. Statt Kaffee und Kuchen gibt es rohe Kartoffeln. Das Geburtstagskind bittet alle Gäste, den Mund zu halten. Ihr werdet gebeten, unter den Tisch zu kriechen. Als Hintergrundmusik läuft Trauermusik. Bei einbrechender Dunkelheit werden Kissen und Decken verteilt und die Gastgeberin wünscht allen eine gute Nacht.

1. Spielt die Szene nach. Wie wirkt das Geschehen auf euch?
2. Tauscht euch über die Wirkung der Szene untereinander aus.
3. Gibt es in der Szene Sequenzen, die in einer anderen Situation sinnvoll erscheinen würden?
4. Spielt auch diese Situationen vor.
5. Versucht nun eine sprachliche Situation zu erfinden, in der es ähnlich ungewöhnlich zugeht, obwohl die einzelnen sprachlichen Äußerungen in einer anderen Situation sinnvoll sein könnten. Sucht euch dafür eine der folgenden Situationen aus:
   a) Begrüßung
   b) Beglückwünschung
   c) Entschuldigung
   d) Dank
   e) Verabschiedung
6. Spielt die Szene vor und begleitet sie mit einer möglichst unpassenden Rede.
7. Tauscht euch darüber aus, in welchen Situationen der Text passend erschienen wäre.
8. Spielt auch diese Situationen vor.

Mögliche Abwandlung

1. Spielt die oben dargestellten sprachlichen Situationen in alltäglicher Form, sprecht aber in Reimen.

---

1. Was entscheidet, ob eine sprachliche Äußerung in einer Situation als passend wahrgenommen wird oder nicht?
2. Wie entstehen sprachliche Missverständnisse?
3. In welchen Bereichen wird „Verfremdung“ gezielt eingesetzt und warum?

„Hundert“ Sprachen

Sprechen können wir auch mit unserem Körper. Unsere Füße können sprechen, unsere Augen, unser Mund. Probiert es einmal aus.

Körpertheater

1. Entscheidet euch für Hände, Füße, Augen oder Mund.
2. Überlegt nun, wie ihr mit diesem Teil eures Körpers eine der folgenden Szenarien vorspielen könnt. Dabei kann es beim Üben hilfreich sein, einen großen Spiegel zu benutzen. Natürlich könnt ihr auch Körperfarbe einsetzen, um die Wirkung eures Spiels zu unterstreichen.
   Achtung! Nicht sprechen!
   Situationen:
   a) Eure beste Freundin/euer bester Freund hat euch belogen. Jetzt überlegt ihr, ob ihr die Freundschaft fortsetzen sollt oder nicht.
   b) Ihr habt den ersten Preis beim Talentwettbewerb gewonnen. Jetzt feiert ihr mit euren Freunden den Erfolg.
   c) Ihr seid unentschlossen. Ihr würdet gern am Wochenende mit den anderen eine Fahrradtour machen, aber ebenso gern würdet ihr mit den Eltern nach Berlin fahren.

Spiegelbild

1. Bildet Paare und stellt euch gegenüber auf.
2. Nun beginnt eine Person mit ihrem Körper ein starkes Gefühl, z. B. Angst oder Freude, möglichst echt darzustellen. Die andere Person „spiegelt“ mit ihrem Körper, was sie sieht. Anschließend wird gewechselt.
3. Tauscht euch darüber aus, was ihr gespielt und was ihr wahrgenommen habt.

---

1. Welche Gemeinsamkeiten und welche Unterschiede gibt es zwischen der Sprache der Wörter und der Sprache des Körpers?
2. Könnten wir uns auch nur mit Körpersprache verständigen?
3. Gedankenexperiment: Stellt euch vor, ein Mensch hätte keinerlei Körpersprache oder würde sie übertrieben einsetzen. Welche Auswirkungen hätte das auf unsere Wahrnehmung von ihm?

4.3 Arbeit

Zur Einführung

Das mittelalterliche Wort „arebeit“, aus dem der heutige Begriff der Arbeit entstanden ist, bedeutete ursprünglich *Mühsal, Strapaze* oder *Plage* und wird erst in den letzten Jahrhunderten auch von Philosophen als eine Beschäftigung aufgewertet, die dem menschlichen Leben einen Sinn verleiht.

Einfach ausgedrückt dient die menschliche Arbeit dem Lebensunterhalt und damit der Befriedigung der Bedürfnisse des Einzelnen. Hierzu zählen Tätigkeiten, die mit Geld bezahlt aber auch Beschäftigungen, die anders oder gar nicht entlohnt werden, wie etwa die Arbeit im eigenen Gemüsegarten oder im Haushalt. Durch diese Definition werden einige Tätigkeiten vom Begriff der Arbeit abgegrenzt: Da das Radfahren, das Spielen oder Rasenmähen keinen unmittelbaren Nutzen für den Lebensunterhalt haben, werden sie oft als Betätigungen in der Freizeit angesehen. Strittig ist in diesem Zusammenhang auch, ob Lernen und das Anfertigen von Hausaufgaben als Arbeit angesehen werden kann.

Viele Philosophen wie **Immanuel Kant** (1724–1804) oder **Johann Gottlieb Fichte** (1762–1814) stellen fest, dass es zum Wesen des Menschen gehört, zu arbeiten und er nur über diese Tätigkeit eine Existenzberechtigung erwirbt. **Karl Marx** (1818–1883) und **Friedrich Engels** (1820–1895) behaupten, dass die Arbeit eine Grundbedingung der Menschwerdung ist: Durch die Arbeit eignet sich der Mensch die Stoffe der Natur an und verändert dabei sowohl seine Umgebung als auch sich selbst.

Die These, dass zu einem sinnerfüllten und befriedigenden Leben auch die freie Berufswahl, angemessene Vergütung und der Schutz vor Arbeitslosigkeit gehören, hat Einzug in die Menschenrechte gefunden, wo diese Punkte im Artikel 23 festgehalten werden.

1. Stellt eine Liste mit verschiedenen Tätigkeiten auf und bestimmt, welche davon als Arbeit bezeichnet werden können und welche nicht.
2. Ist das Zur-Schule-Gehen eine Arbeit und wie verhält es sich mit dem Begriff Klassenarbeit? Begründet eure Position.
3. Was ist ehrenamtliche Arbeit und welche Formen kennt ihr? Warum wird diese – ohne Bezahlung – dennoch als Arbeit bezeichnet?
4. Habt ihr andere Vorschläge, was den Menschen außer der Arbeit zum Menschen macht?

In der Denkfabrik

Berufe der Zukunft

Stellt euch die Zukunft vor und lasst eurer Fantasie dabei freien Lauf. Denkt an die Entwicklung der Technik und den Fortschritt, deren Auswirkungen auf den Menschen und die Natur. Denkt an neue Architektur, andere Formen der Landwirtschaft, des Zusammenlebens, der Fortbewegung und der Kommunikation miteinander. Bezieht auch die Möglichkeiten mit ein, dass die Menschen zur Zeit immer älter werden, dass immer mehr Menschen in Städten leben und diese immer größer werden. Wie könnte es weitergehen?

Neben vielen neuen Dingen, wird es auch in der Zukunft neue Berufe und neue Unternehmen geben. Spielt in Gedanken verschiedene Möglichkeiten durch und stellt Vermutungen und Überlegungen an, welche Arbeitsplätze in der Zukunft geschaffen und besetzt werden müssten. Schreibt für einen dieser Berufe eine besonders interessante Stellenbeschreibung, die den Beruf, die Anforderungen an den Arbeitnehmer und die Vergütung erklärt und hängt die Stellenbeschreibungen aus.

Seht euch die Stellenbeschreibungen der Mitschüler in Ruhe an und entscheidet euch für einen Beruf (mit Ausnahme des eigenen), den ihr antreten möchtet. Verfasst eine knappe Bewerbung, in der ihr eure Eignung darstellt und spielt jeweils ein Bewerbungsgespräch vor.

1. Welche Kategorien von Berufen wurden besonders häufig erfunden und woran könnte das liegen?
2. Gebt Gründe dafür an, dass einige Stellenausschreibungen mehr Bewerbungen hatten als andere.
3. Ist eine Zukunft ohne menschliche Arbeit vorstellbar? Begründet eure Position.
4. Was lässt sich über die Berufe der Gegenwart im Vergleich zu den zukünftigen Berufen aussagen?

Ich bin, was ich bin

Wenn ich mal groß bin, werde ich ...

Mit der Frage „Was willst du denn mal werden?" meinen viele Menschen – trotz ganz unterschiedlicher Antwortmöglichkeiten – meist die Frage nach einem Traum- oder Wunschberuf. Mit einer Beantwortung gibt man viel von sich preis, weil auch Berufe und deren Stand von Menschen sehr unterschiedlich wertgeschätzt werden. Ihr müsst daher im folgenden Spiel nicht verraten, ob der von euch dargestellte Beruf *wirklich* euer Wunsch ist.

Nehmt an, euch fragte jemand, was ihr denn mal werden wollt. Antwortet auf die Frage, indem ihr eine typische Geste des Berufes nachahmt oder ein Symbol für den Beruf an die Tafel zeichnet. Derjenige, der errät, welcher Beruf gemeint ist, darf den nächsten darstellen.

Kein Geld verdienen

Was wäre, wenn ab heute niemand mehr Geld verdienen würde und alle Arbeiten durch den Tausch von bestimmten Produkten vergütet würden? Ruft eine große Bürgerversammlung ein und diskutiert als Vertreter eures Wunschberufes (aus dem ersten Spiel) dieses Problem. Was wäre wohl das Beste, was passieren könnte und was das Schlimmste – und welche Berufe würden vielleicht sogar wegfallen oder neu entstehen?

1. Was bedeutet, „was du mal werden willst"? Was sagt der Beruf über dich aus?
2. Woran liegt es, dass nicht alle Menschen den gleichen Beruf machen wollen und auch Arbeiten mit einer schlechten Bezahlung angenommen werden?
3. Lassen sich Berufe klassifizieren? Ist der Beruf des Arztes gesellschaftlich bedeutsamer als der der Verkäuferin?
4. Wenn man allen Menschen auch ohne Arbeit genügend Geld gäbe, würde dann noch jemand arbeiten gehen?
5. Was hast du bei diesem Spiel über dich selbst gelernt?

Keine Arbeit in Sicht

„Spielen statt Arbeiten“

Vorbereitungen:
Teilt die Klasse in zwei gleich große Gruppen ein, besorgt euch eine Stoppuhr und ...

- beschreibt oder bemalt die Tafel mit frei wählbaren Texten oder Motiven.
- stellt eine Handvoll Konfetti mit dem Locher her und werft es quer durch den Raum.
- stellt alle Stühle runter.
- schaltet das Licht ein.

Durchführung:
Die eine Hälfte der Klasse versucht nun so schnell wie möglich, ...

- die Tafel abzuwischen.
- das gesamte Konfetti in den Papierkorb zu befördern.
- alle Stühle hochzustellen.
- das Licht abzuschalten.

Die Zeit wird gestoppt und nach erneuter Vorbereitung und Durchführung mit dem Ergebnis der zweiten Hälfte verglichen.
Die Gewinnergruppe erhält einen vorher vereinbarten Preis.

1. Hat das Spiel Spaß gemacht? Woran liegt das?
2. Worin besteht – gerade bei diesem Spiel – der Unterschied zwischen Spielen und Arbeiten?
3. Könnte man alle (unangenehmen) Arbeiten zu Spielen umformen?
4. In welchen Berufen dürfen Menschen spielen und werden dafür bezahlt? Wäre so ein Beruf für dich attraktiv?

4.4 Technik und Konstruktion

Zur Einführung

Die Fähigkeit zur Herstellung und Verwendung von Werkzeugen und Technik galt lange Zeit als wesentliches Unterscheidungsmerkmal zwischen Mensch und Tier. Entscheidend für diese Abgrenzung ist jedoch das Verständnis von *Technik*: Wenn *Technik* Gegenstände beschreibt, die ohne eine Konstruktion nicht vorhanden gewesen wären, gibt es recht wenige Tiere, die sich dieser bedienen. Bisher ist nur von Affen bekannt, dass sie sich regelmäßig an spezielle Erfordernisse angepasste Werkzeuge, wie ausgefaserte oder entästete Zweige, herstellen, um damit Honig oder Insekten aus einem Baumstamm zu holen. Menschen setzen Technik hingegen regelmäßig ein.

Wird *Technik* jedoch als Verfahren begriffen, gibt es kaum Unterschiede zwischen Menschen und Tieren: Beide erfinden und entwickeln je nach Situation und Bedürfnis unterschiedliche Techniken der Nahrungsbeschaffung, des Umgangs mit der Umwelt oder der Verteidigung und gehen dafür oft auch erstaunliche und kreative Wege: So gibt es Makaken, die sich im kalten japanischen Winter in heiße Quellen setzen oder Amseln, die morgens vor englischen Häusern abgestellte Milchflaschen aufpicken.

In direktem Vergleich haben die Techniken des Menschen jedoch weit größere Auswirkungen: Für den Nahrungskonsum, seine Behausung, Kultur und Komfort hat er große Teile der Erde verändert und versucht, seinen Ansprüchen anzupassen. **Arnold Gehlen** (1904–1976) erklärt, dass dies auch gar nicht anders vorstellbar wäre: Da der Mensch von Natur aus ein Mängelwesen sei und zum Beispiel weder besonders scharfe Zähne, noch Krallen, ein ausgezeichnetes Gehör, ausreichend Fell oder Kraft habe, um zu überleben, muss er sich die Natur so anpassen, dass sie ihm nicht mehr gefährlich werden kann. Dazu verwendet er Technik und konstruiert sich eine Kultursphäre, die ihm auf allen Kontinenten ein Überleben als Kulturwesen ermöglicht. **Max Scheler** (1874–1928) beschreibt den Menschen ähnlich. Er hält fest, dass der Mensch ein „homo faber“, ein schaffender Mensch, sei, dem es bestimmt ist, die Natur zu verändern und Technik hervorzubringen.

1. Gebt Beispiele für beide Technikbegriffe.
2. Gibt es Menschen, die keine Technik verwenden und dennoch überleben können?
3. Welche Bedeutung hat Technik für den Alltag? Welche Technik benutzt du täglich?

Vom Industriezeitalter in die Steinzeit

Stromausfall

Stellt euch vor, in dieser Minute fiele auf der ganzen Welt der elektrische Strom infolge eines noch nicht geklärten Umweltereignisses in den Tiefen der Südsee aus. Die Wissenschaftler vermuten eine magnetische Störung, können diese aber ohne Energie nicht erforschen. Es scheint fast so, als ob auf der Erde nie wieder Strom fließen würde, selbst Batterien funktionieren nicht mehr.

Spielt diese Situation in verschiedenen Gruppen szenisch vor und zeigt, wie ihr reagieren würdet, wenn es zu diesem globalen Stromausfall käme. Wie ginge es weiter? Was müsste zuerst getan werden?

Nehmt in Gruppen zu 3–6 Schülern die folgenden Szenarien an und sucht euch eine davon aus:

- Ärzte und Schwestern bemühen sich bei einer schweren Herz-OP
- im Supermarkt stehen viele Leute mit ihrem Einkauf an der Kasse
- eine Gruppe Jugendlicher fährt mit der U-Bahn
- das Fernsehen berichtet live vom größten Bankraub aller Zeiten
- im Gourmetrestaurant wird gerade der erste Gang aufgetragen
- Schüler schreiben das Abitur in der Aula
- ihr spielt gemeinsam ein Multiplayergame am Computer
- eine Band gibt ihr erstes ausverkauftes Konzert im Stadion
- auf der Baustelle werden gerade die Dachsteine auf das Förderband gehoben

1. Auf welche elektrischen Geräte in eurem Alltag würdet ihr gerne verzichten und welche erscheinen euch notwendig?
2. Kann der Mensch noch ohne elektrischen Strom überleben?
3. Ist die Entdeckung der Elektrizität ein Fluch oder Segen für den Menschen?

Sein oder nicht sein

Es geht um die Ehre: Ist der Mensch tatsächlich von Natur aus ein Mängelwesen oder übertreibt die Philosophie etwas? Am Beispiel der Nahrungsaufnahme kann man dies gut nachvollziehen. Sehr gesund und seit Urzeiten für die menschliche Ernährung wichtig sind Nüsse aller Art. Doch kommt der Mensch ohne Technik mit ihnen zurecht?

Nussknacker

Material:
Haselnüsse, Mandeln, Walnüsse, Paranüsse und Pistazien (alle in Schale)

1. Nehmt von jeder Nusssorte ein Exemplar und versucht, sie ohne Zuhilfenahme von Werkzeug, Technik oder menschlichen Erfindungen zu öffnen. Wer alle Nüsse aufbekommt ist kein Mängelwesen und darf die Nüsse natürlich essen.

falls nicht …

2. Falls es im ersten Anlauf nicht geklappt hat, versucht es nun erneut mit der Zuhilfenahme von allen Erfindungen und Techniken, die euch jetzt gerade zur Verfügung stehen. Passt dabei aber auf, dass ihr euch nicht an scharfkantigen Gegenständen verletzt. Wer die Nüsse öffnen kann, der ist ein Kulturwesen und darf die Nüsse natürlich essen.

1. Welche Techniken habt ihr angewandt und welche waren erfolgreich?
2. Welche Tiere hätten gleiche Probleme beim Öffnen der Nüsse wie der Mensch und was bedeutet das für die Theorie vom Mängelwesen?
3. Gibt es etwas, das den Menschen von Natur aus davon befreit, ein Mängelwesen zu sein?
4. Wenn jeder Mensch automatisch ein Kulturwesen ist, ist er dann überhaupt ein Mängelwesen?

Wer braucht schon Maschinen?

Dreikampf

In diesem Wettbewerb tretet ihr in mehreren Disziplinen gegen technische Erfindungen an und versucht herauszufinden, wer schneller und effizienter ist: Der Mensch oder die Maschine?

1. *Wettbewerb: Schreiben*
   Es treten an: der Mensch mit Papier und Stift und der Computer mit Drucker und einem Menschen, der beim Eingeben hilft.
   Ablauf: Für beide Kontrahenten steht der gleiche Text zum (Ab-)Schreiben bereit; wer ihn zuerst richtig auf einem Blatt Papier aufgeschrieben hat, der hat gewonnen.
2. *Wettbewerb: Abwaschen*
   Es treten an: der Mensch mit Abwaschschwamm und Spülmittel, die Spülmaschine mit Tab und einem Helfer, der sie einräumt.
   Ablauf: Beide Kontrahenten stellen sich gleich viel Geschirr zurecht (bzw. lassen es in sich einräumen) und starten gleichzeitig mit dem Abwaschen. Wer zuerst das ganze Geschirr sauber hat, der hat gewonnen.
3. *Wettbewerb: Rechnen*
   Es treten an: der Mensch mit Papier und Stift und der Taschenrechner mit einem Menschen, der beim Eingeben hilft.
   Ablauf: Für beide Kontrahenten gibt es exakt die gleichen Rechenaufgaben; einfachere und schwerere. Wer sie zuerst **richtig** gelöst hat, der hat gewonnen.

Bestimmt abschließend den Gewinner des Dreikampfes und kürt ihn mit einer Medaille.

1. Woran liegt es, wer das Spiel gewinnt? Kann man hier mogeln oder das Spiel zu seinen Gunsten beeinflussen?
2. Wozu brauchen wir Taschenrechner, wenn wir auch im Kopf rechnen könnten?
3. Welche Gefahren gehen für den Menschen von Technik aus?
4. Welche Tätigkeiten würdet ihr gern noch durch Technik ersetzen? Gebt Vorschläge zur Umsetzung einer solchen Erfindung.

4.5 Lernen

Zur Einführung

Lernen kann absichtsvoll (explizit) oder beiläufig (implizit) erfolgen. Beim absichtsvollen Lernen stellt sich uns eine Aufgabe oder eine Herausforderung, die wir allein auf der Grundlage unserer Erfahrung nicht bewältigen können. Es ist nötig, sich neue Informationen zu beschaffen oder bereits erworbenes Wissen und Können entsprechend der Aufgabe neu zu verknüpfen. Beiläufiges Lernen findet mehr oder weniger unbeabsichtigt statt, indem wir z. B. etwas im Alltag beobachten und unsere Schlüsse daraus ziehen. In der Lernpsychologie werden häufig Begriffe wie „Aufmerksamkeit", „Erinnern", „Assoziationen", „Kurzzeit- und Langzeitgedächtnis" separat untersucht und beschrieben. Aber Lernen ist ein komplexer Prozess, ein Netzwerk, in dem alle genannten und weitere Aspekte gemeinsam wirken. Das anatomische Grundgerüst für das Lernen wird in den ersten Lebensmonaten geprägt und besteht aus einem Zellgefüge, das ganz unter dem Eindruck äußerer Wahrnehmungen gebildet wird. Der Lerntheoretiker **Frederic Vester** (1925–2003) verweist darauf, dass nur ein kleiner Teil dieses Grundmusters vererbt ist. Spätere Informationen führen nicht mehr zu anatomischen Veränderungen, da sich Gehirnzellen wie alle Nervenzellen später nicht mehr teilen, sondern werden in Form kodifizierter Eiweißmoleküle in das kaum noch veränderliche Grundmuster eingespeichert. Da die Strukturen im Gehirn bei allen Menschen unterschiedlich sind, erfolgt das Lernen in unterschiedlicher Weise. Grob lassen sich vier große Lerngruppen von Menschen unterscheiden: der visuelle Typ (sehend), der auditive Typ (hörend), der haptischen Typ (betastend) und der Gesprächstyp, der sich Sinn und Bedeutung im Gespräch erschließt. In der Regel handelt es sich um eine Mischung dieser Lerntypen. Außerdem beeinflusst die Motivation, mit der man sich einem Lerngegenstand zuwendet, den Lernprozess erheblich. In der Philosophie beschäftigt sich die Erkenntnistheorie mit der Frage, wie Menschen zu Erkenntnis gelangen. Im Gegensatz zur Psychologie geht sie aber weniger der Frage nach, wie gelernt wird, sondern beschäftigt sich mit dem Problem, inwieweit Welt überhaupt erkennbar ist.

1. Was unterscheidet die Auseinandersetzung der Philosophie mit dem Lernen von der der Psychologie?
2. Welche Schlussfolgerungen lassen sich aus der Tatsache ziehen, dass nur ein kleiner Teil unserer Strukturen im Gehirn vererbt sind?

Explizites und implizites Lernen

Schiefe Ebene

Eine schiefe Ebene ist eine ebene Fläche, die gegen die Horizontale geneigt ist. Ihr könnt z. B. mit eurem Körper eine schiefe Ebene darstellen, wenn ihr euch mit Händen und Füßen vom Boden abstützt.

1. Probiert es aus, indem ihr unterschiedliche Neigungsvarianten wählt.
2. Baut aus mehreren Körpern, die jeweils eine schiefe Ebene darstellen, eine Skulptur.
3. Schiefe Ebenen können mit vielfältigen Materialien gebaut werden. Je nach dem, welcher Neigungsgrad gewählt wird, rollen Gegenstände schnell oder langsam die Ebene hinunter. Stellt eine Sammlung unterschiedlicher Gebrauchsgegenstände zusammen (z. B. Schachteln, Flaschen, Dosen, Bretter) und baut mit ihnen schiefe Ebenen. Probiert aus, welchen Weg in welcher Zeit verschiedene Gegenstände (z. B. ein Tennisball, ein Wollknäuel, ein zerknülltes Blatt Papier) auf der Ebene nehmen.
4. Tretet in einen Wettbewerb! Wer kann die höchste, die schiefste, die originellste schiefe Ebene bauen?

1. Tauscht euch darüber aus, was ihr bei den drei Experimenten explizit und was implizit gelernt habt.
2. Überlegt, in welchen Zusammenhängen ihr im Alltag eher explizit oder implizit lernt.
3. Lassen sich explizites und implizites Lernen klar voneinander abgrenzen? Gebt Beispiele!
4. Welche Bedeutung hat das Experimentieren und Ausprobieren beim Lernen? Gebt Beispiele!
5. Gibt es Dinge, die man nur implizit oder nur explizit lernen kann?
6. Können alle Menschen alles lernen?

Motivation steigert den Lernerfolg

Motivationschampion

1. Bildet zwei Gruppen.
2. Stellt euch vor, Gruppe Eins möchte Gruppe Zwei dazu motivieren, ein Gedicht mit mindestens drei Strophen in möglichst kurzer Zeit auswendig zu lernen und Gruppe Zwei möchte Gruppe Eins dazu motivieren, in ebenso kurzer Zeit einen Text vom Englischen ins Deutsche zu übersetzen.
3. Überlegt euch in den Gruppen geeignete Motivationsstrategien.
4. Probiert aus, ob eure Strategie aufgeht. Motivationschampion ist die Gruppe, der es am besten gelungen ist, die andere Gruppe zum Lernen zu motivieren.

Motivationspyramide

1. Überlege dir, was du brauchst, um gut lernen zu können und schreibe es auf die Kärtchen.
2. Entscheide nun, was davon sehr wichtig, wichtig oder weniger wichtig für dich ist. Schneide die Kärtchen aus und baue mit ihnen eine Pyramide so, dass die wichtigsten Dinge das Fundament bilden.
3. Stellt euch eure Motivationspyramiden gegenseitig vor. Vielleicht könnt ihr sie auch mit euren Körpern nachbauen.

1. Wie können Strategien beim ersten Spiel aussehen?
2. Was ist Motivation?
3. Wie kann man sich und andere Menschen motivieren?

Philosophieren ist Lernen

Auch beim Philosophieren, z. B. über Glück, Freundschaft oder Gerechtigkeit, kann man etwas lernen und dieses Gelernte ist vielleicht wichtiger als manches Andere. Mit dem folgenden Spiel könnt ihr im wahrsten Sinne des Wortes philosophische Schätze heben und euch darüber austauschen.

Schätze heben

1. Bastelt euch aus Papier ein Angelspiel und mit einem Stab, an dem ihr einen Magneten befestigt eine Angel.
2. Schneidet nun die philosophischen Sprüche aus und ergänzt sie mit eigenen Gedanken zu einem philosophischen Thema.

Das Herz hat seine Gründe, die die Vernunft nicht kennt. (B. Pascal)	*Unser Leben ist das Produkt unserer Gedanken.* (M. Aurelius)	*Der Neid ist die aufrichtigste Form der Anerkennung.* (W. Busch)
Tiere und kleine Kinder sind der Spiegel der Natur. (Epikur)	*Jeder von uns hat nur ein Leben.* (M. Aurelius)	*Die Zeit verwandelt uns nicht, sie entfaltet uns nur.* (M. Frisch)
Es hört doch jeder nur, was er versteht. (J.W.v. Goethe)	*Tränen reinigen das Herz.* (F.M. Dostojewski)	*Wo viel Licht ist, ist starker Schatten.* (J.W.v. Goethe)

3. Angelt abwechselnd eine Aussage und tauscht euch darüber aus.
4. Abschließend könnt ihr mit den Sprüchen ein philosophisches Texttheater aufführen (vgl. S. 56), indem ihr sie wirkungsvoll arrangiert.

1. Was unterscheidet das Philosophieren von anderen Formen des Lernens?
2. Was unterscheidet das Philosophieren von der Philosophie?
3. Lohnt es sich, über jedes Thema zu philosophieren?
4. Gedankenexperiment: Stelle dir vor, Philosophen würden an der Spitze des Staates stehen. Wie würde sich das auf das Leben in der Gesellschaft auswirken?

4.6 Gut und Böse

Zur Einführung

Ist der Mensch von Natur aus gut oder böse? Diese Frage stellen sich u. a. die Philosophen **Thomas Hobbes** (1588–1679) und **Jean-Jacques Rousseau** (1712–1778), wobei sie zu entgegengesetzten Auffassungen tendieren. Für Hobbes sind sich die Menschen in ihren Fähigkeiten und Wünschen sehr ähnlich. Sie alle streben nach materieller Sicherheit, nach Glück und Ehre. Da einer den anderen zu übertreffen sucht und das bereits Erworbene zu verteidigen hat, gehört der Kriegszustand zur Normalität. Wettstreben, Argwohn und Ruhmsucht begründen die Natur des Menschen. Es bedarf einer politischen Macht, um die Rechte und Pflichten des Einzelnen und das Gemeinwohl als Ganzes zu sichern. Dagegen sieht Rousseau den Menschen im Naturzustand als ursprünglich heil, stark und mitfühlend. Seine Instinkte sichern sein Überleben und lassen ihn eins mit der Natur sein. Die Gesellschaft entfremdet den Menschen von seinem ursprünglichen Wesen, indem sie Begierden, Leidenschaften und Eigenliebe weckt. Der Mensch beginnt Güter für sein Eigentum zu erklären und diesen Besitz gegen Jedermann zu verteidigen. Der ursprünglich gute Mensch wird so durch sein gesellschaftliches Umfeld erst böse. Auch der Philosoph **Friedrich Nietzsche** (1844–1900) macht die Entfremdung des Menschen von seinen ursprünglichen Trieben dafür verantwortlich, dass er sich in der Welt verlassen fühlt und mühevoll nach Sinn sucht. Da der Mensch seine wahren Bedürfnisse und Triebe nicht ausleben kann, wenden sich diese gegen ihn und lassen ihn auch an anderen Menschen leiden. Der Psychologe **Sigmund Freud** (1856–1939) knüpft an Nietzsches Gedanken an, indem er unabhängig von Kategorien wie „gut" und „böse" die Triebnatur des Menschen näher untersucht. Freud unterscheidet die drei psychischen Instanzen „Es", „Ich" und „Über-Ich". Das „Es" repräsentiert die unreflektierten Triebe und Bedürfnisse eines Menschen, während das „Über-Ich" das gesellschaftlich geprägte individuelle Gewissen repräsentiert. Das „Ich" hat zwischen diesen beiden Instanzen und im Austausch mit dem gesellschaftlichen Umfeld zu interagieren. Im Idealfall gelingt es ihm, ein ausgewogenes Verhältnis herzustellen. Gelingt dies nicht, können psychische Krankheiten die Folge sein.

1. Wie begründen Hobbes und Rousseau ihre Sicht auf das Wesen des Menschen?
2. Welche Gemeinsamkeiten und Unterschiede in den Sichtweisen von Nietzsche und Freud sind erkennbar?
3. Gibt es überhaupt so etwas wie „die Natur des Menschen"?

Der Naturzustand

Stellt euch vor, ihr befindet euch am Anfang der menschlichen Entwicklung vor dem Aufbau größerer Gemeinwesen, wie z. B. Ländern und Städten. Tauscht euch in Gruppen z. B. darüber aus,

- wie ihr euch den Umgang unter den Menschen vorstellt,
- welche Eigentumsverhältnisse vorherrschen,
- welche Auswirkungen diese auf den Alltag haben,
- wie Entscheidungen zwischen den Menschen getroffen werden,
- welche Rolle Familienstrukturen spielen,
- welche Macht- und Herrschaftsstrukturen bereits erkennbar sind.

Zeitreise

Setzt eure Vorstellungen in einem Spiel um. Dabei könnt ihr zwischen drei Spielformen wählen:

a) Studiert ein szenisches Spiel ein, das eine typische Situation des Lebens im Naturzustand wiedergibt.

b) Baut eine Siedlung im Naturzustand mit unterschiedlichen Materialien (Kartons, Bauklötzen, Holz etc.) und spielt eine typische Situation mit Playmobilmenschen nach.

c) Wählt drei Personen aus, die ein Kind, einen Mann und eine Frau im Naturzustand spielen. Diese drei Personen versuchen sich möglichst intensiv vor Augen zu führen, welche Vorstellungen sie von einem Leben im Naturzustand haben. Sie wenden stehend dem Rest der Klasse den Rücken zu. Nun versuchen die anderen, sich in diese drei Personen zu versetzen. Sie treten nacheinander vor, legen ihre Hand auf die Schulter der betreffenden Person und sagen einen Satz, von dem sie vermuten, dass er die Lebenssituation dieser Person wiedergibt. Nach etwa 15 Minuten tauscht ihr euch darüber aus, welche Vorstellungen vom Naturzustand ihr teilt und welche nicht.

1. Was bedeutet das Wort „Naturzustand“?
2. Welche Erfahrungen können unsere Vorstellungen vom Naturzustand beeinflussen?
3. Recherchiert die gesellschaftlichen Verhältnisse und persönlichen Lebensumstände, in denen Hobbes und Rousseau gelebt haben.

Gut und Böse im Märchen

Märchenquiz

1. Bildet Paare.
2. Schneidet die Karten aus und legt sie mit der Schrift nach unten vor euch hin.
3. Nun zieht abwechselnd eine Karte und bestimmt, a) um welches Märchen es sich handelt und b) welche Märchenfigur „spricht“.
4. Diskutiert bei jedem Märchen, ob und ggf. inwiefern die zitierte Märchenfigur das Gute oder das Böse verkörpert.
5. Märchen, die ihr nicht kennt, recherchiert.
6. Tauscht euch im Plenum über eure Ergebnisse aus.

Knusper knusper knäuschen, wer knuspert an meinem Häuschen?	Du musst nur achtgeben, dass du mein Bett gut machst und es fleißig aufschüttelst, dass die Federn fliegen, dann schneit es in der Welt.	Macht mir auf, Kinder, euer liebes Mütterchen ist heimgekommen und hat jedem von euch etwas mitgebracht.	Spieglein, Spieglein an der Wand, wer ist die Schönste im ganzen Land?
Drei Tage will ich dir Zeit lassen; wenn du bis dahin meinen Namen weißt, so sollst du dein Kind behalten.	Bäumchen, rüttel dich und schüttel dich, wirf Gold und Silber über mich.	Rapunzel, Rapunzel, lass mir dein Haar herunter.	Königstochter, jüngste, mach' mir auf! Weißt du nicht, was du zu mir gesagt bei dem kühlen Brunnenwasser? Königstochter, jüngste, mach' mir auf!
Weine nicht, Grethel und schlaf nur ruhig, der liebe Gott wird uns schon helfen.	Rotkäppchen, sieh einmal die schönen Blumen, die ringsumher stehen. Warum guckst du dich nicht um?	Ich schleife die Schere und drehe geschwind, und hänge mein Mäntelchen nach dem Wind.	Ich muss in einer Glückshaut geboren sein; alles, was ich wünsche, trifft mir ein, wie einem Sonntagskind.

1. Kann man jede dieser Märchenfiguren in die Kategorien „Gut“ oder „Böse“ einordnen?
2. Was charakterisiert eine Handlung als „gut“ oder „böse“?
3. Ist es möglich, dass man das Böse will und dabei das Gute fördert und umgekehrt? Gebt Beispiele anhand der Märchen.

Gut und Böse im Alltag

Gut und Böse als imaginäre Gestalten

1. Stellt euch folgende Situationen vor:
   A: Der 15jährige Max ist drogenabhängig. Um sich Geld für neuen Stoff zu besorgen, bedroht er in einer Tankstelle eine ältere Frau mit einer Spielzeugpistole. Die Frau gibt das Geld raus, Max macht sich aus dem Staub, wird aber auf der Flucht erwischt. Er wird vor Gericht gestellt und zu einem Entzug und gemeinnütziger Arbeit verurteilt.
   B: Der 16jährige Erik engagiert sich ehrenamtlich bei der Freiwilligen Feuerwehr. Eines Tages werden seine Kollegen und er zu einem Brand gerufen, den ein Jugendlicher aus Eriks Schule gelegt hat. Erik weiß, dass dieser Junge keine Ahnung von dem Ausmaß dessen hat, was er angerichtet hat. Er nimmt die Situation zum Anlass, um an seiner Schule über seine Arbeit bei der Feuerwehr zu berichten.
   C: Julia hatte große Versagensängste. Wenn eine Arbeit anstand, schwänzte sie den Unterricht. Seit sie mit Björn zusammen ist, hat sie mehr Vertrauen in die eigene Leistung. Beide lernen auch zusammen und bereiten sich auf Arbeiten vor.

2. Jede dieser Situationen hat „gute“ und „böse“ Anteile. Stellt euch vor, ihr könnt beide Anteile aus der jeweiligen Situation „herausziehen“ und mit einer imaginären Gestalt zum Ausdruck bringen. Geht dabei folgendermaßen vor:
   a) Erfindet ein Kostüm.
   b) Überlegt euch einen Text.
   c) Probiert aus, wie die Gestalt sich bewegen könnte.
   d) Studiert zu den drei Situationen eine Performance ein, in der „das Gute“ und „das Böse“ aufeinander treffen. Gern könnt ihr dabei auch Musik oder andere Effekte einsetzen.

---

1. In welchem Verhältnis stehen „Gut“ und „Böse“?
2. Können „Gut“ und „Böse“ in einer Person, in einer Situation, in einem Augenblick sein?
3. Gedankenexperiment: Stellt euch vor, es gäbe nichts Böses in der Welt. Wie würde sich das tägliche Leben der Menschen gestalten?

Abschlussspiele

Spielen ist Jonglieren mit Möglichkeiten bei einem Fest der Sinne; es ist das Erschaffen einer Welt in der Welt und einer Zeit in der Zeit.

Von der Kunst, Recht zu haben

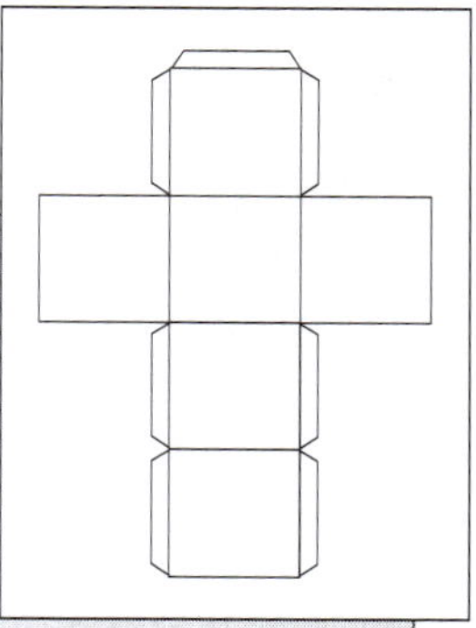

„Der allwissende Würfel“

Vorbereitung:
Bastelt oder kauft einen Würfel, der statt der Würfelaugen nur die beiden Worte „ja“ oder „nein“ aufweist. Einen Würfel zu basteln, ist denkbar einfach und ihr habt dies im Geometrieunterricht auch sicher schon einmal getan. Zur Hilfe gibt es eine Anleitung. Beschriftet den Würfel abschließend dreimal mit „ja“ und dreimal mit „nein“, wobei sich die gegenteiligen Antworten auf dem Würfel immer gegenüber liegen sollten.

Falls euch Basteln gar keinen Spaß macht: Vereinbart einfach, dass die geraden Augenwürfe immer „ja“ bedeuten und die ungeraden „nein“; so lässt sich das Spiel auch mit einem normalen Spielwürfel spielen.

Spiel für Gruppen:
Lest nun die folgenden Fragen und ergänzt diese um pro Person zwei weitere philosophische Entscheidungsfragen.

- Hat der Mensch einen freien Willen und ist er für sein Handeln voll verantwortlich?
- Könnten wir ganz ohne Technik leben?
- Haben wir Verantwortung für zukünftige Generationen auf der Erde?
- Gibt es hinter der geschlossenen Tür jetzt gerade einen Raum?
- Ist das Lügen ethisch vollkommen unverdächtig und jeder darf es immer tun?

Würfelt anschließend die Antwort auf die Fragen und versucht zu begründen, warum der allwissende Würfel recht hat. Testet wie das Spiel in der zweiten Runde aussieht ...

1. Gibt der Würfel ein zufälliges Ergebnis?
2. Habt ihr für jede Antwort des Würfels gute Gründe finden können? Was bedeutet dies für das Wesen der Philosophie?
3. (Woher) Wissen Philosophen, dass ihre Antwortversuche richtig sind?
4. Welche der Fragen erscheinen leichter und welche schwerer zu beantworten zu sein? Woran liegt das?

Vertragen auf dem Spassplaneten

Spaßplanet

Stellt euch vor, auf dem Weg zur Schule landet neben euch ein kleines Raumschiff mit sehr freundlich aussehenden Außerirdischen. Diese bitten euch, mit ihnen auf ihren Planeten zu fliegen, da sie größere Probleme bei der Planung und Verwaltung ihrer Welt haben. Durch etwas Spionage haben sie herausgefunden, dass Schülerinnen und Schüler des Philosophie- und Ethikunterrichts der Menschen in solchen Dingen besonders gut sind und wollen nun mit deren Hilfe eine Verbesserung herbeiführen. Da das Gebot „Steig nie zu einem Fremden in das Auto" für Raumschiffe wohl nicht gilt, fliegt ihr mit und landet schon sehr bald auf einem Planeten, der wirklich arge Probleme hat. Die ganze Welt eurer galaktischen Freunde ist chaotisch, Häuser werden gebaut, wie die Besitzer gerade Lust haben (deswegen fallen auch häufig welche in sich zusammen), die Außerirdischen fliegen mit ihren Raumschiffen, wie, wo, wann und wie schnell sie wollen (deswegen gibt es viele Unfälle), alle gehen nur zur Schule, wenn sie wollen und lernen meist nur Berufe wie Komiker, Entertainer und Schauspieler (deswegen leben die meisten Wesen in ziemlicher Armut) und schließlich vermehren sie sich völlig unkontrolliert und essen schon jetzt viel mehr, als sie produzieren können (deswegen hungern sie ziemlich oft). Zu guter Letzt lassen sie ihren Müll fallen, wo immer sie gerade stehen und gehen (weshalb der Planet ziemlich dreckig ist).

Die Außerirdischen schauen betreten auf die missliche Lage vor euch. Schließlich wiederholen sie die Bitte: „Helft uns, das Chaos zu beseitigen. Gebt uns Tipps, wie wir unsere Probleme lösen können." Gerade als ihr loslegen wollt, ergänzt ein Außerirdischer: „Aber es muss Spaß machen!" Was ratet ihr ihnen?

1. Welche Dinge macht ihr nur, wenn ihr dazu Lust habt und sie euch Spaß bereiten?
2. Muss eine Welt solche Probleme haben, wie die der Außerirdischen, wenn alle nur das tun, wozu sie Lust haben? Wie sähe ein Gegenentwurf aus?
3. Welche Lösungsvorschläge erscheinen euch sinnvoll und welche nicht? Warum glaubt ihr, dass den Außerirdischen das eine Spaß macht und das andere nicht?

Ein ungewohnter Blick auf das eigene Leben

Sicher seid ihr schon einmal mit einem Flugzeug geflogen oder auf einen hohen Aussichtsturm gestiegen und wart erstaunt darüber, wie klein euch Häuser und Straßen aus dieser Perspektive erschienen. Ähnliche Erfahrungen kann man auch in anderen (immateriellen) Bereichen machen. Wenn man sich von einem Problem, einem Gedanken oder Gefühl „entfernt“ und so Abstand gewinnt, erscheint einem das Phänomen mitunter klarer, als wenn man es direkt vor Augen hat. Geschichten und Symbole können die Fantasie anregen und uns zu neuen Einsichten über unser Leben führen.

Fantasiereise auf den Berg der Erkenntnis

Entspanne dich einen Augenblick und stelle dich gedanklich darauf ein, eine Reise in die Natur zu unternehmen. Du befindest dich in einem Tal. Es ist ein schöner Sommertag. Es ist warm und du spürst einen warmen Windhauch auf deiner Haut.

In der Ferne siehst du einen Berg. Du beschließt, ihn zu besteigen. Nachdem du ein kleines Wäldchen durchquert hast, liegt vor dir ein sanfter Pfad, der auf den Berg hinaufzuführen scheint. Du beginnst den Pfad hinaufzugehen. Allmählich wird er immer steiler und der Aufstieg beschwerlicher. Du musst dich richtig anstrengen. Du schaust in das Tal hinter dir und siehst, wie klein Häuser und Straßen aus dieser Höhe erscheinen. Du gehst weiter hinauf und erreichst schließlich die Spitze des Berges. Dort befindet sich eine Bank, auf der ein sehr weiser und liebevoller Mensch sitzt. Tritt näher und beginne mit der Person zu sprechen, die unendlich viel Zeit und Vertrauen zu haben scheint. Erzähle der Person, was dich in deinem Alltag bedrückt und höre, welche Antworten sie dir zu geben hat. Lass auch du dir Zeit. Wenn du genug gesprochen und gehört hast, komme langsam ins Hier und Jetzt zurück. Strecke dich einige Male, atme kräftig ein und aus und lass die Bilder noch eine Weile in dir nachwirken.

1. Bildet kleine Gruppen und sprecht über eure Erfahrungen bei der Fantasiereise.
2. Tauscht euch darüber aus, welche Bedeutung diese Erfahrung für euer Leben haben könnte.

Ein Blick in unendliche Weiten

Wenn man den Blick zum Himmel wendet, bietet sich einem meist ein Farbenspiel von Blau-Grau- und Weißtönen. Bis in die Unendlichkeit scheint sich der Himmel auszudehnen – kein Anfang und Ende ist auszumachen. Aber was befindet sich hinter den Wolken in unendlicher Weite von der Erde entfernt? Gibt es Leben auf anderen Planeten? Gibt es Welten, die über unsere Vorstellung hinausgehen? Gibt es Erscheinungen, für die wir weder Worte noch Empfindungen haben? Und wenn es so ist, was bedeutet das für unser Erkennen, für unser Selbstverständnis, für unser Mensch-Sein?

Imaginäre Welten

1. Stellt euch vor, ihr könnt durch ein riesiges Fernrohr Lichtjahre entfernt von der Erde ins Universum schauen. Lasst euch dafür Zeit! Welches Bild bietet sich euch?
2. Malt oder zeichnet dieses Bild auf oder setzt es als dreidimensionales Modell um.
3. Vergleicht eure Bilder oder Modelle. Welche Gemeinsamkeiten und Unterschiede könnt ihr feststellen? Habt ihr eine Erklärung für eure Befunde?
4. Tauscht euch darüber aus, wie realistisch eure Vorstellungen sind.
5. Recherchiert in Büchern und im Internet, welche wissenschaftlichen Hypothesen und Befunde es zur Existenz verschiedener Seins-Formen im Universum gibt.

---

1. Was bedeutet Imagination?
2. Können wir uns etwas vorstellen, was wir noch niemals gesehen haben?
3. Können wir uns etwas vorstellen, was wir nicht denken oder fühlen können?
4. Wie weit identisch und wie weit verschieden können Vorstellungsbilder von Menschen sein?
5. Was würde es für uns Menschen bedeutet, wenn es auf anderen Planeten weniger oder höher entwickeltes Leben gäbe?
6. Gedankenexperiment: Man stelle sich vor, die Erde wäre nichts als ein Spielfeld und wir Menschen die Spielfiguren. Wer sind die Spieler und nach welchen Spielregeln wird gespielt?

Philosophie

BUYTENDIJK, FREDERIK: *Wesen und Sinn des Spiels: Das Spielen des Mensch und der Tiere als Erscheinungsform der Lebenstriebe*. K. Wolff, Berlin 1933.

FINK, EUGEN: *Spiel als Weltsymbol*. Kohlhammer, Stuttgart 1960.

GROOS, KARL: *Das Spiel der Menschen*. Fischer, Jena 1922.

HUIZINGA, JOHAN: *Homo Ludens*. Vom Ursprung der Kultur im Spiel. Rowohlt, Reinbek 2006.

SCHILLER, FRIEDRICH: *Über die ästhetische Erziehung des Menschen in einer Reihe von Briefen*. Suhrkamp, Frankfurt/M. 2009

TAURECK, BERNHARD H. F.: *Die Antworten der Philosophen*. Fink, Paderborn/München 2009

Didaktik

DAUBLEBSKY, BENITA: *Spielen in der Schule: Vorschläge und Begründungen für ein Spielcurriculum*. Klett, Stuttgart 1973.

EINSIEDLER, WOLFGANG: *Das Spiel der Kinder*. Zur Pädagogik und Psychologie des Kinderspiels. Klinkhardt, Bad Heilbrunn 1999.

ELKONIN, DANIIL: *Psychologie des Spiels*. Volk & Wissen, Berlin 1980.

ENGELS, HELMUT: *„Nehmen wir an ...“ Das Gedankenexperiment in didaktischer Absicht*. Beltz, Weinheim/ Basel 2004.

FREI, HEIDI: *Jeux Dramatiques mit Kindern*. Ausdrucksspiel aus dem Erleben. Zytglotte, Gümlingen/Bonn/Wien 1990

FRITZ, JÜRGEN: *Theorie und Pädagogik des Spiels*. Eine praxisorientierte Einführung. Juventa, Weinheim/München 1991.

HAGLUND, LIZA: *Gedankenspiele*. Philosophie für Kinder. Omnibus, München 2004.

KRAMBROCK, URSULA: *Computerspiel und jugendliche Nutzer*. Hermeneutische Deutungsversuche des Adventure-Computerspiels und seiner jugendlichen Nutzer und Nutzerinnen. Lang, Frankfurt am Main 1998.

MARTENS, EKKEHARD: *Sich im Denken orientieren*. Schroedel, Hannover 1989

MATTHEWS, GARETH: *Denkproben*. Freese, Berlin 1991

PFEIFFER, SILKE/KLAGER, CHRISTIAN: *Wirklich wahr? Philosophieren mit Kinderbüchern*. Militzke, Leipzig 2011

RENNER, MICHAEL: *Spieltheorie und Spielpraxis*. Eine Einführung für pädagogische Berufe. Lambertus, Freiburg/Br. 1995.

SCHELLER, INGO: *Szenisches Spiel*. Handbuch für die pädagogische Praxis. Cornelsen, Berlin 1998

SCHEUERL, HANS: *Das Spiel*. Untersuchungen über sein Wesen, seine pädagogischen Möglichkeiten und seine Grenzen. Beltz, Weinheim/Basel 1994.

SUTTON-SMITH, BRIAN: *Die Dialektik des Spiels*. Eine Theorie des Spielens, der Spiele und des Sports. Hofmann, Schorndorf 1978.